クザは秒で人を見抜く

成功を呼ぶ〝対人センサー〟の磨き方

向谷匡史

Tadashi Mukaidani

悟空出版

まえがき

■あなたの〝対人センサー〟は働いていますか？

人に会ったら、即座に「外見」で判断する――。

これが「正しい人物眼」だ。

服装や態度、仕草、言葉などを手掛かりとして人を見抜くもので、このセオリーさえ知っておけば、対面して劣勢に立たされることもなければ、対人関係で失敗することもない。

「人は見かけによらない」

「人は外見で判断してはいけない」

という戒《いまし》めの本質は、「見た目ではわからない」ことにあるのではなく、

「見かけや外見が、相手の本心や価値観の一端を現しているにもかかわらず、多くの人はそれを見抜く目を持っていないため、軽々に判断すると相手の本質を見誤る」

ということなのである。

したがって、「まさか、あんな人とは思わなかった」とホゾを噛《か》んだり、「まさか、そんな立派な人だったとは！」と驚いたりするのは、「外見」からその人を正しく評価できなかった――ということにすぎず、

「私には人を見抜く力がありません」

と公言しているのと同じなのだ。

人を見抜く力が弱ければ、すぐに騙《だま》されてしまうだろうし、何かというと貧乏クジを引かされてしまう。人づき合いがヘタで、引っ込み思案で、交渉事が苦手という人は、**相手の本心を見抜く力**――すなわち〝対人センサー〟がうまく働いていないことに原因がある、と思っていいだろう。

では、〝対人センサー〟とはどんなものか。まず、私の失敗例を紹介しよう。

十年前、僧侶として駆け出し当時のことだ。葬儀の導師を依頼された私は、法話を一生懸命に考えた。導師の作法は決まっているが、法話は自分で考えなければならな

い。故人は九十歳の男性である。奥さんはすでに他界しており、喪主は長男。近親者のみの葬儀だという。

となれば、お義理の会葬者はいないだろうから、私は遺族の悲しみに寄り添い、命の無常《むじょう》を説くことにした。遺族の悲しみにいかに寄り添うかは、僧侶としての力量が問われる。私は法話を原稿にし、推敲《すいこう》を重ね、暗記して式場に出かけた。

ところが、どうだ。

読経《どきょう》が終わるや、「やっと終わった」という雰囲気になり、法話など誰も聞いていない。「いつまでくだらないことをしゃべっているんだ」——と、喪主からしてそんな顔をしている。このとき私はハッと、フラッシュバックのように控え室でのシーンが脳裏をよぎった。

葬儀が始まる前のこと。喪主の長男とその奥さんが僧侶控え室に挨拶《あいさつ》に来たのだが、二人の顔を見て何となく違和感をおぼえた。そのときは気づかなかったが、あとで思えば、二人とも眼が赤く充血していなかったのだ。そして挨拶の途中で、奥さんの口もとに一瞬、笑みが浮かんだのだが、私はさして気にもせず、葬儀に臨んだのだった。

これもあとで知るのだが、故人は寝たきりの長患《ながわずら》いをしていて、同居する長男夫婦はその世話で大変な苦労をしたとのことだった。私は「死＝悲しみ」という固定観念にとらわれていたため〝対人センサー〟が鈍り、看取ったことに近親者が安堵《あんど》したであろうことに気がつかなかったというわけだ。

眼が充血していないこと、奥さんの一瞬の笑みで本心を見抜き、「悲しみに寄り添う」という法話の部分はさらりと切り上げておけば、あそこまでシラケることはなかっただろう。「外見」から遺族の心情を読み取れなかった私の失態である。

■〝対人関係のプロ〟が実践していること

対人関係のプロフェッショナルは、相手に応じて変幻自在の応対をする。最終目的は同じでも、そこに至るプロセスが相手によって違うのだ。

たとえば、自動車の営業マン。二流の営業マンは、クルマという商品を中心に考える。だからクルマの特徴や装備、価格といったことを全面に押し出して営業をかける。

客に買う気があり、他社のクルマと比較しているというなら、このアプローチは効果的だが、買う気がなければムダな努力になる。

一流営業マンは違う。客に買う気があるのかどうかを、まず見抜こうとする。買う気があるとなればクルマの説明に入り、買う気がないと判断すれば、説明はあとまわしにして、買う気になるような営業トークを仕掛けていく。

営業トークは相手によって変わってくるので、客がどんな人間で、クルマについてどんな考えを持っているか——、瞬時に見抜く必要がある。

たとえば私の知人で有能な営業マンは、古いクルマを長く乗っている客に対して、

「ずいぶん大事に乗ってらっしゃいますね」

と言ってアプローチをするそうだ。

「そうなんですよ」

と、笑顔で応じる人は「物事をポジティブに考える性格」。

ニコリともしない人や、不機嫌な顔をする人はその逆で、「物事をネガティブに考える性格」であると彼は言う。

ポジティブな人と判断すれば、ドライブの楽しさなどクルマを買い替えることによって、人生がよりエンジョイできるといった話題から入る。「夢」を語ることで、客のワクワク感を刺激し、「買い替えるのもいいかな」という気にさせていくというわけだ。

一方、ネガティブな性格の人に対して、「夢」を語るのは逆効果。ワクワク感を刺激しようとしても、「何が人生、エンジョイだ」と、文字どおりネガティブに受け取ってしまう。こういうタイプには、燃費のことなど、古いクルマに乗り続けることがいかに損であるか、「現実」をテーマにアプローチする。

「クルマを売る」という最終目的は同じでも、相手の「性格」や「価値観」を見抜くことで、アプローチはまるっきり変わってくるというわけだ。

あるいは、居酒屋でこんな例がある。

私が懇意にしている居酒屋はいつも繁盛しているのだが、その要因の一つに、経営者である中年オヤジの絶妙な〝客応対術〟がある。

たとえば、客が店に入り、カウンターに座るや、

「ビール？」

即座に言い、まさにビールを注文しようと思っていた客は、

（このオヤジ、オレのことがよくわかるんだな）

と気をよくする。

あるいは、これは私が実際に経験したことだが、ツマミを何にしようかと壁に張った短冊の品書きを目で追っていると、

「焼き鳥なんか、どう？」

とオヤジに言われ、まさに焼き鳥を頼もうかなと思っていた私は、何となく嬉《うれ》しい気分になって、

「オレの気持ち、よくわかるね」

と言うと、

「焼き鳥の品書きで、目が一瞬、止まったからね」

オヤジが笑って言ったことがある。

「ビールかい？」と言い当てられた客も、おそらく他の客が飲んでいたビールに一瞬、視線を止めたのをオヤジは見逃さなかったのだろう。さり気なく客を注視し、客が何を考えているか、「外見」から判断しているのである。

私は「対人関係術」をテーマとした著書が少なくない。ヤクザから政治家、ホスト、ホステス、営業マン、ジャーナリストなど、〝対人関係のプロ〟たちを取材していて気がつくのは、彼らは**一瞬にして相手を見抜き、相手に応じてアプローチの方法を変えている**ことだ。

たとえば、知人のヤクザ幹部は、

「掛け合い（談判）で相手が正対して座ったら、相手はこの話は引く気がないと思っていいね。だから、こっちも腹をくくって、険しい顔で臨むのさ」

と一例を語る。

あるいは、有能な取材記者は喫茶店で取材する場合、相手が、

「何になさいますか？」

と機先を制するように口火を切ってくると、気を引き締めると言う。

こう問われたとき、たとえば、

「じゃ、コーヒーを」

と答える。

「レギュラーですか？　アメリカンですか？」

「アメリカンを」

「承知しました」

と、相手のリードになってしまう。

「何にするか」と口火を切ってくる相手は自己顕示欲が強く、自分にとって都合の悪い話は強く否定してかかり、ときに激高することもある。このことから、有能な記者は、注文の仕方ひとつでここまで相手を見抜き、対処の態勢を取るのだ。

本書は、具体例を挙げながら「人を見抜く技術」について解説した。ヤクザのノウハウについてだけ書いたわけではないが、彼らは「対人関係術」において、脅したり、すかしたり、話をすり替えたり、相手の心理を読み切って勝負する。そういう意味において、ヤクザは心理的駆け引き術の象徴とも言えるだろう。本書のタイトルに「ヤクザ」を冠した所以《ゆえん》である。

本書で紹介した実例は、社会のウラとオモテとを問わず、人と接することを生業《なりわい》とする〝対人関係のプロ〟が、失敗と、成功と、試行錯誤のうえに培ってきたノウハウである。一読すれば「**できる人は、顔を合わせて五秒で相手をほぼ見抜ける**」ということが、おわかりいただけるだろう。

そして、このことはぜひ強調しておきたいのだが、人間はすべて、生まれながらにして〝対人センサー〟が備わっている——ということだ。したがって、成功する人と、努力が空回《から》りする人の差は、突き詰めていけば、〝対人センサー〟の感度ということになる。「玉磨かざれば光なし」の譬《たと》えを持ち出すまでもなく、ヤクザから政治家、経営者、ホスト、ホステスに至るまで、その世界でのしあがっていく一流の人間は、絶えず〝対人センサー〟を磨き続けている。

そのことに、いかに早く気づくか。

ここが〝人生勝負〟の分かれ目であり、本書は対人関係を苦手とする人はもちろん、対人関係により強くなりたいと願う人にとって必読の書であると自負する次第である。

なお、第四章、第五章において、「人を見抜く技術」の応用編として、「評価」を上げる技術、「対面力」を強くする技術について解説した。存分に活用していただければ幸いである。

向谷匡史

ヤクザは人を5秒で9割見抜く　目次

第二章　人は「容姿」で9割わかる

第三章　人は「言葉」で9割わかる

第四章　「評価」を上げる技術

第五章　「対面力」を強くする技術

イラスト　亀倉秀人
販売　小島則夫
宣伝　安田征克
統括マネージャー　岡布由子
本文DTP　編集室エス
編集協力　小松事務所
校正　小松幸枝

第一章

人は「行動」で9割わかる

01 カフェで待ち合わせする人

大事なクライアントと待ち合わせるとき、駅の公衆トイレの前を指定する人はいない。炎天下の街角や、寒風吹きすさぶ路上を指定する人もいないない。このことからわかるように、**「どんな待ち合わせ場所を指定するか」によって、相手があなたをどの程度、重要視しているか推察できる**のだ。

私の仕事は取材を伴うことが多いため、待ち合わせることから始まるが、たとえばヤクザを取材するとき、

「事務所でどや?」

と指定されると、手強《てごわ》いかな——と気を引き締める。自分のテリトリーの、しかも事務所という〝本丸〟に呼ぶのは、自分が高みに立とうとしているからだ。

こういう相手に対しては、一歩へりくだってインタビューの口火を切る。

対等の立場で口をきくと、相手は競《せ》るようにして強気の態度になっていくため、次

第に「対峙《たいじ》」の関係になってしまうからだ。

事務所でなく、

「どや、××ホテルでお茶でも？」

と、お互いにとってニュートラルな場所を指定されると、相手は良好な人間関係を築きたがっていると推察する。相手にしても、わざわざその場所へ出かけなくてはならないのだから、好意がなければそうはしないものだ。

こういう相手に対しては、礼を失しない範囲で、できるだけフランクに口火を切り、「私も、あなたとはいい関係を築きたい」と言外のメッセージを送ればいいというわけだ。

このように「どこを指定してくるか」は、相手を知る重要な手掛かりになるので、ことに**初対面で待ち合わせる場合は、相手に指定させるのがいいだろう。**

相手がどんなに丁重な言い方であっても、

「じゃ、いらしていただけますか？」

と、**自分の会社に呼ぶのは強気の証拠。**

反対に、

「こちらからおうかがいします」

と、**訪問を申し出る人は、譲歩してでも良好な関係を築きたい**というメッセージと受け取っていいだろう。

注意すべきは、外で待ち合わせる場合だ。私もたまに経験するが、「駅の改札」を指定してくる人間はイマイチが多い。

場所としてはわかりやすいし、間違えることもない。だが少し早めに着けば、雑踏を見ながら相手が来るのをキョロキョロして待つことになる。イライラもする。

そして、

「お待たせしました」

「いえ」

「そこいらでお茶でも」

というのが定番の流れになるが、

「えーと、喫茶店はないかな……」

と探さなければならない。すぐに見つかればいいが、あっちウロウロ、こっちウロウロするようでは、出だしからつまずくことになる。

したがって、**「駅の改札」を指定してくる人間は、無神経か、あなたを軽く見ているかのどっちかで、これからのパートナーとしては要注意**というわけである。

そう考えれば、喫茶店やホテルのティールームで、しかもすぐにわかる場所を指定してくる相手は、気づかいも含め、まず、無難な相手と思って間違いないのだ。

02 待ち合わせで見つけやすい人、見つけにくい人

外で打ち合わせする場所は、喫茶店が圧倒的に多い。そういう意味でも、喫茶店は相手の性格や思惑、さらに、あなたに対してどう思っているか、本心を知るチャンスでもある。

まず、待ち合わせだ。たとえば、あなたが時間ちょうどに行くと、相手がすでに待っていたとする。そこで、あなたが留意すべきは、**相手がどのあたりの席に座って待っているか**だ。

（この人は、できる！）

と私が感心したのは、銀座スカウトマン歴四十年のT氏だ。スカウトについて話を聞くため取材の申し込みをすると、T氏は銀座のティールームを指定した。私は初めての店だったが、「ここなら、すぐわかりますから」ということだった。

そして、当日。

ティールームに出かけたところが、大箱の店だったので戸惑っていると、

「ここです！」

入口近くの席でT氏がさっと立ち上がって手を振ってから、

「奥の席に移りましょう。話をしやすいので」

と言ったのである。

以前、一、二度会ったことがある程度なので、すぐに顔がわかるか、私としては心配していたのだが、T氏のこの配慮に感心した。さすが、生き馬の目を抜く銀座スカウトマンとして、トップの座をキープしているだけのことはある。

しかも、頼まれて話をする優位な立場にあるにもかかわらず、ここまで気配りしてくれるのは、「私と良好な関係を築いておきたい」という言外のメッセージと見ていいだろう。こうしたタイプには、誠意をもって応対すれば、その何倍ものリターンが期待できるものなのだ。

ところが多くの人は、T氏のように恭順の意を表する相手に対しては、つい気をよくするあまり、横柄な態度を取ってしまうことがある。これでは、せっかく貴重な人

脈を築くチャンスを逸してしまうことにもなりかねない。留意すべきことである。

T氏と反対なのが〝事件屋〟のK氏だ。

K氏はもっぱら都心ホテルのラウンジを使うのだが、いつも奥の席に陣取っている。知り合って間もないころ、あるウラ社会の事件についてレクチャーしてもらったときのこと。

約束の時間に指定されたラウンジに出向いた私は、K氏が奥まった席にいたので気がつかず、入口近くの席で待っていたことがある。

十分ほどしてK氏が奥から現れ、「こっちだよ」と手招きをしてから、

「奥のほうが話をしやすいからさ」

と言った。

(そうか、それでわざわざ奥の席に座っていたんだな)

と私は感心したが、それは人物眼としては皮相的な見方であることに、やがて気がつく。K氏が奥まった席に陣取るのは、訪ねてくる人間に対する強気と余裕の現れなのだ。「用事があるのは、お宅のほうだろう。だったら店の奥まで探したらどうだ」

という思いなのである。

こういうタイプは常に「頼むのはお宅で、頼まれているのは俺《おれ》」という関係をキープしようとする。自尊心が強いのだ。だから、口のきき方に気をつけなければならない。「上から目線」はもちろんのこと、タメ口をきかれただけでも自尊心が傷つき、カチンとくる。こちらは一歩退《さ》がり、ヨイショしつつ、話を進めるのが賢明な接し方ということになる。

逆に、あなたが相手を待つときも同じことが言える。**気配りを見せたければ、入口近くの席**で、しかも、入ってくる人の顔が見られる席。相手に気をつかわせ、**「頼むのはお宅で、頼まれているのは俺」という関係をキープしたければ、入口から見えない奥の席**に陣取って正解となる。

03 気配りはメールに表れる

《食事でもしながら——》という打診の仕方で、相手の性格や、仕事上での能力が見抜ける。ほとんどがメールで来るので、文面に目を通すのはわずか数秒だが、この数秒の直感は、まず外れることはない。

「了解」の返信をすると、日時や場所について都合を訊《き》かれることになるが、

《来週の金曜日あたり、いかがですか?》

と、日にちを一方的に指定するのは論外としても、

《いつがいいですか?》

という問いかけも気配りのできない人間だ。《いつ》というのでは漠然としすぎているため、多忙な人であれば返答に困ってしまう。こういうタイプは、仕事の能力も当然、Cランクと思っていいだろう。

ちょっと気の利《き》く人間は《来月あたり》と目安を提示してくるが、それでも私に言

わせればBランク。《月初め》も来月なら、《月末》も来月なのだ。

スパンが長いため、

（月初めは予定が詰まっているし、月末だとうんと先になるので失礼だし、中旬だと、さて、いつがいいか……）

と迷い、そのことにイライラしてくるからだ。

Aランクの人間は、《来月》に《初旬あたり》とか《中旬あたり》という一語をつけ加えてくる。

知り合って日の浅い若手編集者のS君がそうだった。初対面のとき、誠実な態度に好感が持てた。彼となら、いい仕事ができるだろうと思った。一週間ほどして来たS君のメールを見て、そのことを確信した。

《来月の初旬あたりでも、お時間があるようでしたら》

といった問い方がしてあったからだ。

時間的な余裕をもって《来月》とし、さらに《初旬》という具体的な目安を告げてくれたことで、予定を立てやすくなる。しかも、目安を告げながら、

「あなたが決めてください」

と、言外に顔を立ててくれてもいる。私にしてみれば気分が悪かろうはずがない。

《初旬は〆切があるので、十日か十四日でしたらありがたいのですが》

と返信も丁重になる。これを受けてS君は日時を決め、肉と魚とどっちがいいか云々《うんぬん》と、私の食べ物の好みを訊いてから場所のセッティングにかかったのである。

ここまでの気配りがスムーズにできる人間であれば、仕事もできる。私はS君と仕事ができることを心底喜んだ。

ところが、

（彼、ヤバいかな）

と、**Aランク評価を見直すようなメール**が、そのあとに届いたのである。

S君は、三軒の店を候補に挙げてから、

《どの店がよろしいですか？》

と問いかけてきたのだ。

気づかいは、よくわかる。親切でもある。だが、食べ物の好みという要望は訊いても、店をどこにするか、決定をゆだねてはいけない。期待どおりの店であればいいが、そうでなかったなら、選んだ私の立場はなくなってしまう。

相手に決定をゆだねるタイプは、仕事においても、

「どうしたらよろしいでしょうか？」

と問いかけてくるものだ。

言葉を換えれば、「責任回避タイプ」ということになるのだ。

気配りは有能な人間には必須のものだが、**気配りはあくまで途中経過であり、それが行きつく先を見極めることが大事**なのだ。

（彼、気が利いていて、いいねぇ）

と手放しで喜んでいると、あとでひどい目に遭わされることもある。

私が何度となく経験してきたことである。

04

時間を切って会う人

目下が、目上を待つ――。これが対人関係の基本だ。

社長を待たしておいて、

「や、どうもどうも」

と、ヒラ社員があとからやってくることはあり得ない。

あるいは、借金をお願いする人間が金主《きんしゅ》を待たせたのでは、金主は気分を害して気変わりもするだろうし、デートに誘って気のない返事をした彼女が、三十分以上も前から喫茶店で待っていたとなれば、彼氏は意を強くすることだろう。

つまり、**「待つ」か「待たせるか」は、対人関係において微妙な上下《かみしも》がつく**ということになる。

だが、少し早めに行ったため、こちらが「待つ」という立場になることは珍しくない。諸事情で、約束の時間に遅れることだってある。だから、それはいい。

事の本質は、「待つ」「待たせる」という事実そのものよりも、**心理的影響が相手にどう及ぶか**にあるのだ。

実例を挙げよう。接客術から「人間心理を探る」というテーマで、売れっ子の若手ホストに取材を申し込んだときのことだ。忙しいと渋っていたが、「三十分なら」ということで、新宿の喫茶店で会うことになった。

私が十分ほど前に店に入ると、ホスト君はすでに来ていて煙草《タバコ》を吹かしていた。見ると、灰皿に数本の吸い殻。コーラをほとんど飲み干していた。二十分以上前に来たものと私は推測しつつ、「三十分なら」と時間を切ったのは、彼のカッコづけだと判断した。

つまり、ミエっぱりなのだ。こういうタイプは、ミエを上手にくすぐれば率先して話してくれる。取材対象としては楽な相手だと、このとき値踏みした。

ここで重要なポイントは、彼は自分がこうして長時間待っていたことで、相手――つまり私が、どう値踏みするか、ということに無頓着《むとんじゃく》であったことだ。**「三十分なら」と自分を高く売ったつもり**だろうが、これでは底の抜けたバケツのようなものではないか。

ナンバーワンという触れ込みも色あせて、茶髪のイモ兄ちゃんに見えてきた。人間心理に理解の及ばないようなホストが、いつまでも売れっ子でいられるわけがないだろうと、そのとき思ったものだ。

待つ場合、「ずっと待っていました」ということをアピールしたければ、注文した飲み物をすぐに飲み干しておく。長時間待っていても**「いま来たばかりです」というポーズを取りたければ、飲み物は注文しないでおくこと。**これが、私が経験から導き出した実戦心理術の鉄則なのである。

05 名刺を先に出す人、あとに出す人

「初めまして」と頭を下げて、名刺を切る——。

これが初対面の作法だ。

双方がヨーイドンで名刺を差し出せばいいが、微妙にタイミングがズレることがある。この微妙なズレに、実は相手の心理が見て取れるのだ。有能なビジネスマンは、名刺交換という一瞬のやりとりで相手の性格を読み、自分にとって有益なコミュニケーションを図るべく、話を展開していく。

こんな例がわかりやすいだろう。

私のところに取材に来る記者は、必ず先に名刺を切る。「取材を依頼した側」という心理が働くからだ。私が週刊誌記者をやっていた当時を振り返ると、そのことがよくわかる。話を聞かせてほしいと一歩へりくだる意識があるため、「よろしくお願いします」と言って、名刺を先に出すというわけだ。

ところが、取材を受ける立場になると、このタイミングが逆転してくる。名刺を自分から先に出すことはなく、記者から名刺をもらい、〝お返し〟をするような感じで、「こちらこそ、よろしく」と言って差し出す。

書籍の企画でもそうだ。私が企画を持ち込み、編集長と初めて会うときは、無意識に自分から先に名刺を出している。反対に、出版社から執筆を依頼されて会うときは、「よろしく」と向こうから先に名刺を出し、私は微妙に遅れて「こちらこそ」と応じる。

つまり、優位な立場にある人間、あるいは**優位に立とうとする人間は、名刺を先にもらってから自分のそれを渡す**――という傾向が強いのだ。

メンツに生きるヤクザたちを思い浮かべてみればわかる。彼らは掛け合い（談判）を別にすれば、自分から率先して名刺を切ることは、まずあり得ない。営業マンが辞を低くして名刺を切ることから始めるのを考えれば、名刺交換という、わずか五秒がどれだけ大きな意味を持っているかわかるだろう。

そこで、相手の心理を見抜いたら、どう対処するか。

率先して名刺を出してくる人は一歩へりくだった気持ちの場合が多いので、それを受け止めるような余裕の態度で接するのがよい。

「上から目線」にならない程度の、いわば〝兄貴気分〟で、

「こちらこそ、よろしくお願いします。ここ、すぐわかりましたか?」

と、笑顔で会話をリードすればよい。そうすると、年齢に関係なく、相手はおのずと〝弟気分〟になっていくため、意図する方向に話を持っていきやすくなるというわけだ。

反対に、**自分から名刺を出さない人**はプライドが高い傾向にあるので、思い切り自尊心をくすぐる。ヨイショで攻めるのだ。

「ご高名はかねがね」「お目にかかれて光栄です」——と歯の浮くような言葉を投げかければ、

「いやいや、こちらこそ」

と破顔一笑して、胸襟を開くのが人間心理なのである。

06 握手の手を差し出されたら

初対面で、握手の手を差し出してくる人がいる。

海外では当たり前のことだが、日本のビジネス風土にはまだ馴染《なじ》まない。

一介のヒラ社員が、他社の経営トップに対して「よろしく」と握手の手を差し出すのは僭越《せんえつ》とされるが、経営トップのほうからフランクに手を差し出すのはごく自然であり、友好的な雰囲気になる。つまり日本のビジネス風土では、**握手は「目上」から「目下」に差し出されるものであって、その逆はない**――ということなのだ。

もう、おわかりだろう。初対面でさっと握手の手を差し出してくる相手は、そうと意識しているかどうかは別として、「上から目線」か、余裕の演出である、と思っていいだろう。握手の手を差し出され、それを握り返した時点で、相手のペースになっているということなのだ。

難題を長時間かけて論議する場合は別だが、一般的に「打ち合わせ」というやつは短距離走のようなもので、スタートでリードされてしまうと、途中で抜き返すには相当の実力がいる。だから、スタートで後《おく》れを取るわけにはいかない。

握手の手を差し出されたら、**力強く握り返さない**が鉄則だ。

ビジネス指南書の多くは「握手は力を込めて」と説く。精力家で自信があるように見られること、誠意が相手に伝わること――といった理由を挙げるが、私に言わせれば、「誠意が相手に伝わる」ということが問題なのだ。

「上から目線」に誠意で応えれば、相手はすっかり気をよくして、スタートダッシュを勢いづかせてしまうことになる。

かつて私は『政治家の実戦心理術』（ベストセラーズ）という本を書いたが、そのとき選挙運動の握手の仕方として、プロの選挙参謀は、

「キュッと握って終わるのではなく、グッ、グググッ、グッ！――と握るのが選挙用の正しい握手です」

と語り、そうしてこそ、誠意が有権者に伝わると言った。

つまり、**力強く握るのは「お願いする側」である**――ということなのだ。

社長とヒラ社員が握手すれば、力を入れて握るのはヒラ社員のほうで、社長は軽く握る。この逆というのは、まずあり得ない。

だから相手が、

「やあ、どうもどうも」

と言って握手の手を差し出してきたら、力を入れないでゆるく握る。

すると相手は、

（あれ？　気乗りしていないのか？）

と、スタートで調子が狂うものだ。

ビジネス指南書で「力の入らない握手は、やる気がないように思われてしまう」と説いたりするが、まさにそのとおりで、これを逆手に取ることで、相手の虚を衝《つ》く。

これを「**対人関係のいなし**」と言い、相手の「上から目線」を軽くいなし、**スタートでリードさせない基本テクニック**なのである。

それと、もう一つ。私は人に会うとき、ハンカチで手のひらを拭《ぬぐ》う。トイレなどがあれば手を洗う。もし相手から握手の手を差し出され、私の手のひらが湿っていたら、汗をかいていると思われるからだ。

周知のように、緊張すれば人間は手のひらに汗をかく。緊張していなくても、そうと思われれば、相手が気分的に優位に立ってしまう。

だから、手のひらを拭うというわけだ。

「そこまでしなくても」

と笑ってはいけない。

対人関係というのは、ほんのちょっとしたことで精神的に相手を呑《の》めもすれば、呑まれもするのだ。

07 注文の仕方で、ここまでわかる

打ち合わせで喫茶店を使った場合、「支払いはどっちがするか」ということを考えない人はいない。

相手の要請で会う場合はたいてい相手が支払うのでかまわないが、立場が対等だったり、相手がクライアントだったりする場合は、どっちが支払うかビミョーになる。こっちが持つか、ご馳走《ちそう》になるか、割り勘にするか——。一瞬、そんな思いがよぎることがあるだろう。

打ち合わせが二人きりで、フツーの喫茶店となれば、コーヒー二杯は千円でオツリがくる。経費で落とせれば、もちろん何の問題もないが、たとえ落とせなくても打ち合わせの成果によっては安いものだ。

だが、都心ホテルのティーラウンジとなれば、そうはいかない。いちばん安価なコーヒーでも、二人で二千円近くになる。フレッシュジュースの類《たぐい》を頼めば二千円を超えるだろう。打ち合わせが三人となれば三千円コースとなり、経費で落ちなければ、ちょっと考えさせられる金額だろう。

このことを念頭に置けば、**何を注文するかによって、相手がどんな人間であるかがわかる**——ということでもある。

私が読者から「会って話を聞きたい」というメールをもらったときのことだ。読者は機械メーカーの部長で、拙著『ゼロから始めて僧侶になる方法』(飛鳥新社)を読んだそうで、「定年退職まであと二年だが、第二の人生として僧侶を考えている。ついては一度、お目にかかってお話をお聞かせ願えないか」——といった丁重なメールだった。

それで会った。私がよく打ち合わせに使用する都心ホテルのティーラウンジだ。私が作務衣《さむえ》姿で入っていくと、向こうが見つけて立ち上がった。挨拶《あいさつ》を交わし、名刺交換をしてソファーに腰を下ろしたところで、ウエイターが注文を取りに来る。

ここで部長氏が**「何になさいますか?」と問いかければ、勘定は私が持ちます——というメッセージになる**が、何も言わなかったので、「僕はコーヒー」と告げて私は黙った。要望に応えて出向いた私が「何にしますか？」と相手を気づかうのはスジ違いだからだ。コーヒーを注文したのは、相手が支払う場合を考えて、いちばん安いものにしたのである。

すると相手は、メニューに目を落としてウーンと唸《うな》ってから、レモンスカッシュを注文した。コーヒーより高い。この時点で、相手が支払うつもりだと、私は思ったのである。

結論から言えば、私が支払った。彼が伝票に手を伸ばさなかったので、成り行きでそうなったのである。

彼は無頓着《むとんじゃく》なだけで、悪気はなかったのかもしれない。あるいはチャッカリ人間だったかもしれない。だが、いずれにせよ、求めて会った側が取るべき態度ではなかっただろう。こういう**無神経なタイプには深入りしないほうがいい**と思い、以後、私は彼と会うことはなかった。

あるいは、こんなタイプもいる。コミック誌で、上海《シャンハイ》を舞台にしたビジネス劇画の原作を担当したときのことだ。上海に取材に行くに際し、現地事情について話を聞こうと、ツテをたどって東京本社の商社マンに会った。

喫茶店に入るや、

「何になさいますか？」

と、すかさず商社マンが訊《き》いてきた。

私が「コーヒー」と答えると、

「おなかは大丈夫ですか？　よろしければサンドイッチでもつまみませんか？」

と続ける。

経費で落とすのだろうが、着目すべきは、こういう形で対人関係をリードしようとする彼の実戦心理術である。「ここの支払いは私がします」というメッセージであると同時に、「奢《おご》る側」「奢られる側」ということになり、意識に上下《かみしも》がついたのである。

さすが「有能」と評判の商社マンだけあると、私は感心した。

このように**人間心理に通じたタイプは、仕事ができるだけでなく、パートナーとして信頼に足りる人物**——と思っていいだろう。

08

お茶に手をつけない人

接待の本質は「飲食を共にする」ということにある。

どんな高級店に招待しても、相手が飲まず、食べず、箸《はし》もつけず――ということになれば接待にならない。

(何か気に障ることでもあったのだろうか)

と、招いた側は不安に襲われる。

反対に、たとえ一杯飲み屋であっても、相手が「うまいねぇ」を連発し、飲み、かつ喰《く》いを堪能してくれれば、

(よかった!)

と嬉《うれ》しくなってくる。

これが、「飲食を共にする」という接待の本質なのである。

したがって、ビジネスランチが人間関係をスムーズにするというのは、食事そのも

「この人となら、食事しながら仕事の話をしたり、雑談したりしてみたい」

と思う、そのことが意味を持つのだ。

となれば、たとえば喫茶店で会い、**相手が飲み物にいっさい手をつけないで用件を切り出す場合は、要注意！**

良好な人間関係を築こうという意志がないか、希薄であることが多い。

何も注文しないわけにはいかないので席料として飲み物を頼んだ――という心構えで接する必要があるというわけだ。

これに類することは少なからずある。

たとえば、私が編集者と喫茶店で打ち合わせをしたときのこと。

注文を取りに来たウエイトレスに「コーヒー」と、編集者が上の空で告げたので、

（これは何かあるな）

と、ピンときたものだ。

案の定、彼はコーヒーに口をつけることなく、

「この出版不況で初版部数が当初の約束より少なくなるかもしれないのですが……」という話を切り出してきたが、私にしてみればバッドニュースが飛び出すことはすでに織り込み済みなので、平然としたものだった。

あるいは、知人夫婦から離婚の相談を受け、双方のあいだに入って解決策を探っていたときもそうだった。

知人夫婦と私の三人でホテルのラウンジで会ったのだが、夫婦のどちらも注文したコーヒーに手を伸ばさなかった。これを見た私は、離婚話は相当にこじれたな——と直感し、気を引き締めたのである。

夫婦が口々に訴えたのは、小学三年生になる一人息子の親権だ。お互いが親権を主張して譲らないため、裁判を起こすしかないと思っているが、それについて意見を聞きたいという相談だった。

私は、二人がコーヒーに口もつけなかったことから非常事態を予期していたので、〝さもありなん〟と冷静な気持ちで応対できたのだった。

考えてみればわかるように、談判したり、深刻な話し合いをするときは、コーヒーをすったり、ジュースをストローでチューチュー飲んだりはしないものだ。何かある——と気を引き締めておけば、どんな話が飛び出そうと、驚きも少なければ、後《おく》れを取ることもないのだ。

09 問いかけの口火を切る人

人前で上着を取るというのは、エチケットに反する行為だ。

それを承知で、名刺交換をするなり、

「暑いですね。上着、取ってもよろしいですか？」

と問いかけてくる相手がいる。

「ダメです」

という返事が返ってくるわけがなく、それを見越して「いいですか？」と問いかけるのは「イエス」の強要になっている。こういうタイプは、**その場をリードしようとする意識**が強く、交渉事であれば、こちらが強引に押し切られる可能性があるので心してかかる必要がある。

ちなみに、「上着、取っていいですか？」と相手が問いかけてきたら、

「この席、暑いですね。そっちへ移りましょう」

と言って、相手の返事を待たず、さっさと席を移動することで主導権をキープする方法もある。

あるいは、先手を取って一発カマすなら、

「上着、取ったらいかがですか?」

と問いかけ、返答を強要するのも一法である。

「では、失礼して」

と相手が恭順して上着を取るか、

「いえ、大丈夫です」

と我を張るか。

どっちに転んでも、**主導権は「問いかけた側」にある**——ということなのだ。

もちろん、「上着」はあくまで譬《たと》えで、その昔——私が週刊誌記者として駆け出し当時、某男性演歌歌手をテレビ局の喫茶店で取材したときのことだ。

席に着くなり、

「何にしますか?」

と先に問われてしまったのである。

問われたら返事をしなければならない。

「じゃ、コーヒーを」

と、何となく恐縮気分になってしまったところへ、追い打ちをかけるように、

「おなかは？　よければサンドイッチでも」

と勧められ、ますます恐縮してしまった。おかげで取材は相手ペースで進んでしまい、突っ込んだ話も聞けず、凡庸な人物記事になってしまった。

どちらが主導権を握るかは、ほんの些細《ささい》なことが決める――ということを身をもって知り、大いに自戒したものである。

「何にしますか？」

と機先を制されたのであれば、

「おなかは？　よければサンドイッチでも」

というセリフは、私のほうから、すかさず発するべきだったと、いま振り返って思うのである。

初対面や、交渉段階にある相手が、**会うなり〝問いかけの口火〟を切ってきたら、相手は〝決め〟にかかっている**——と思うこと。深く考えもせず、相手の問いかけに返答していると、してやられることになるのだ。

ちなみに、名刺交換をしたあと、相手がどんな口火の切り方をするかで、性格はほぼわかる。

「よろしくお願いします」

と会釈して、**相手の言葉を待つ人は温厚**で、意見に隔たりがあろうとも話せばわかるタイプ。向こうの意見を押しつけてくることもない。したがって、説得したり、押し切ろうとしたりせず、仲間意識をもって話を進めるのがいいだろう。

「ご多忙のところ、畏《おそ》れ入《い》ります」

と、気づかいの言葉を口にする人も、性格的に難しい人はそうはいない。胸襟を開いて話をすればよい。

要注意は、質問で口火を切るタイプだ。

「いま、お忙しいんじゃないですか？」

問われた側は返事をしなければならない。何気ない投げかけのため、そうは感じないだろうが、答えることを強要されているのだ。

「珍しいお名前ですね」

と、交換した名刺に目を落としながらの問いかけも同じこと。

「そうなんですよ」

とか何とか、問いかけに答えなければならない。

あるいは、

「お目にかかるのは、来週以降にしたほうがよかったんじゃないですか？」

といった問いかけも、答えを強要していることにおいて、主導権は相手にあるということになる。

こういうタイプは**会話をリードしようとするだけでなく、自説や持論を押し通そうとする**ので、気を引き締めて応対しなければならない。

10　正面に座る人

ヤクザは、相手と向かい合うようにして、どっかりと腰を下ろす。

政治家にもこの傾向はあるし、アイデアでシノギを削るＩＴ関連の青年起業家にも言える。**自分を高く売ることで他と競う人間は、相手と対峙《たいじ》して座ることが多い**――ということなのだ。

この意識について、心理学では「敵対意識を持つ人間は、相手の正面に座りたがる」と解説し、「スティンザー効果」と呼ぶ。心理学者ではない私は学問的なことはともかく、このことは経験則で熟知している。

ヤクザを取材していて疲れるのは、彼らは鼻先を競うようにしてメンツに生きているため、相手の意見や考え方をスンナリと肯定することがないからだ。

「ヤクザは、実体として暴力団ですね」

と言えば、

「そら違う。任侠道《にんきょうどう》や」

と噛《か》みついてくる。

「実体として暴力団と言いますが、根っこは任侠道ですね」

と反対の意見を口にしても、

「そら違う。暴力団と呼ばれる人間もおるがな」

と、こんな具合になる。

彼らは否定も肯定も、どっちに転んでも必ずツッコミを入れて存在感を示そうとするため、必然的に対峙する形で腰を下ろし、相撲《すもう》の立ち会いのような雰囲気になるというわけだ。

心理学で説明する「敵対意識」というのは、**相手よりも一歩でも風上《かざかみ》に立とうとする自己顕示欲**のことなのである。

政治家も同様だ。相手の意見に対してペラペラと多弁になるのは、自己顕示欲によることが多く、これも当然ながら相手と正対して座ろうとする。競うことをビジネスとする人たちの動物本能と言っていいだろう。

私は空手家でもあるが、武道家が正対して着座するのは、相手に隙《すき》を与えないと同時に、一歩も退《ひ》かないという不退転の現れでもある。

この逆が、僧侶や保護司だ。私はどちらもやっているが、同僚たちを見ていると、一対一で会う場合、相手の右か左かに着座することが多い。

僧侶は相手と対座すると、仏壇に尻《しり》を向けることになるということもあるが、相手の話に耳を傾けて説法《せっぽう》する立場であるため、「相手と競う」という意識が希薄。したがって、お互いのツノが突き合うことのないよう、無意識に対座を避けるのだろうと思っている。

保護司も同様で、保護観察対象者に更生のための自助努力をうながす立場であるため、これも無意識に対座を避けて座るというわけだ。

以上を踏まえ、**これから会う相手の性格を知ろうとするなら、待ち合わせ場所には先に行って、相手を待つ**という方法もある。あとから来た相手がどこに座るか、それを見てから話の展開を組み立てるのだ。

「どうも、お待たせしました」と笑顔を見せても、あなたの正面にどっかりと腰を下ろす相手は、ひと筋縄ではいかないと用心したほうがいい。

こういうタイプに、**理屈や情熱で説得しようとするのは逆効果**で、

「あなたは、そうおっしゃいますが」

と、〝反論のための反論〟を招くことにもなってしまう。

そういう場合は半歩でいいから、あなたが風下《かざしも》に立ち、**相手の優越感をくすぐり、花を持たせるような話の展開に持っていく**のがポイントで、名を捨て、実を取るのが正解となる。

ちなみに会議の席次も、これと同じことが言える。

要注意人物は、あなたの正面に座る人間であることを肝に銘じ、この人間に対しては慎重に対処することを心がけるといいだろう。そして、あなたとは視線が絡むことのない席に座る人間には、さほど注意を払う必要がないことも、つけ加えておく。

11　座る姿勢で見抜く

心は、姿勢に現れる。

アゴを突き出して背を丸め、あたりを睥睨《へいげい》して歩くチンピラを見て、

「形より心だ」

と擁護する人はいないだろう。

心のありようは、形を通して見えてくる――ということなのだ。

だから、僧侶は姿勢について、うるさく指導される。私は浄土真宗本願寺派の僧籍にあるが、得度習礼《とくどしゅらい》（研修）では、経本を額《ひたい》の高さにいただくとき、読経《どきょう》するときの姿勢、さらに合掌や礼拝《らいはい》、一揖《いちゆう》（会釈）するときのお辞儀の角度など、諸々《もろもろ》の作法について細かく指導される。

そこで「相手の心理を見抜く」ということにおいて、ビジネスマンの参考になるのは、座ったときの相手の姿勢である。

「大股《おおまた》を開かないで、足は閉じなさい」

「背もたれに背を預けてはいけません」

と、習礼で何度となく注意されたが、どちらも、だらしなく見えるからだ。

言い換えれば、精神が弛緩《しかん》してリラックスしたときに、人間は大股を開き、背もたれにもたれて、ふんぞり返る——ということになる。言うまでもないことだが、交渉や面接など緊張した場面において、そんな態度を取る人はいない。背筋を伸ばし、身を乗り出すように浅く腰掛け、膝《ひざ》は軽く閉じているものだ。

相手が**椅子《いす》に浅く腰掛け、膝を軽く閉じていたならば、それは緊張の現れ**で、本気で話に耳を傾けている——ということになる。

「さあ、どうでしょう」

と、口では気のない受け答えをしていても、それは駆け引きのポーズであって、内心は興味津々。かまわず話を進めればよい。

ところが逆に、

「ほう、そうですか！」

と興味津々の受け答えをしていても、**大股開きで、背もたれにもたれたりしていれば、相手は話には関心がない**か、すでに「ノー」の結論を出している——と思っていいだろう。

そういうときは、話の矛先を変えてみるといい。それで膝が閉じ、背が浮いたとすれば、相手が話に喰《く》いついてきた証拠なのである。

このほかにも、**足を組み替えるのは、話のテンポが遅くてイラ立っている**ことを現している。

心理学を勉強しなくても、相手の話を聞きつつ、無意識にどういう姿勢を取っているかを注意深く観察していれば、「心は姿勢に現れる」ということが理解できるだろう。目は口ほどにものを言うものだが、姿勢はそれ以上に心の動きを雄弁に語っているのだ。

12

目、指先、相づちで見抜く

目、指先、そして「なるほど」という相づち――。

この三つは、**相手がどんな気持ちかを見抜くうえで重要な手掛かり**となる。

まず目は、「目の色」と「まばたき」だ。

色といっても、色彩のことではもちろん、ない。ケンカや空手の試合などで対峙《たいじ》し、相手の目に意識を集中していると、**相手の目に〝怯《おび》え〟の色や〝自信〟の色などが浮かんでくる**ことがある。それを直感的に読み取り、対処する。

まばたきは、緊張すると回数が多くなる。相手や周囲の視線を遮断し、緊張や不安から逃避しようとする無意識の行為であるとして、心理学でも証明されている。

顔は笑っていても、名刺交換をしてすぐに相手が頻繁にまばたきをすれば、緊張しているか不安に感じている――と思っていいだろう。

「無理な要求をされるのではないか」と不安がっているか、「無理な要求をしなければならない」という思いから緊張しているか。どっちにしても、会った直後の五秒間で〝警告アラーム〟を察知することが大事になってくる。

極度の緊張と不安は、指先を小刻みに震わせてしまう。これを意志の力で止めることはできない。

詳細は割愛するが、「ダグラス・グラマン事件」で、故田中角栄《たなかかくえい》元総理との接触を国会で証人喚問された日商岩井副社長の故海部八郎《かいふはちろう》氏は、供述の宣誓書に署名する際、指先が震えて止まらなかった。この様子はテレビニュースで繰り返し流れたが、顔や態度は平然として見えても、指先の震えは決してごまかせない──ということを改めて思い知らされたものだ。

私たちの日常生活で、指先が震えるほど緊張したり不安になったりすることは、そうはない。だが、指先に感情の起伏が現れるのは事実なので、それとなく相手の指先を注視していると、精神状態を推し量る手掛かりになる。

名刺を出すときの指の動き、あるいはコーヒーにスプーンで砂糖を入れるときの指の動き、書類を出すときの指の動きなどを見ていると、相手が何を考えているか、何となく見えてくるものなのである。

ところが多くの人は、漠然と相手の上《うわ》っ面《つら》を見てしまう。

笑顔を見せれば、

(おっ、友好気分でいるな)

と嬉しくなり、眉間《みけん》にシワが寄っていれば、

(今日の話、ヤバそう)

と構えたりする。

だから、誤った話の展開をやらかしてしまうのである。

さて最後は、話の途中で相手が用いる「なるほど」という相づちについてだが、相づちを打つときの心理は大きく次の三つ。

一、お説ごもっともという**《感心の相づち》**
二、黙っているのは失礼だと思う**《おざなりの相づち》**
三、早く話を切り上げようとする**《打ち切りの相づち》**

このどれであるかを見抜いて会話をしないと、無神経なヤツとして評価を下げることになる。

では、どうやって見抜くか。

《感心の相づち》は、「なるほど」のあとに言葉が続く。

「なるほど、そうでしたか。つまり……」

といったように、話を要約して確認したり、自分の意見を口にしたりする。

「となれば……」と質問になったりもする。こういう場合は話を続ける。

二つ目の《おざなりの相づち》は、「なるほど」のあとにフォローがなく、まったく別の話題に転じようとする。

「なるほど。ところで先日の件ですが……」

といった具合だ。こういう展開になれば自分の話題は即座に打ち切り、相手の話題に乗ることがポイントで、いつまでも自分の話題を引っ張っていると、無神経なヤツと思われてしまう。

三つ目の《打ち切りの相づち》は、「なるほど」に続いて「わかりました」という言葉が続くことが多い。

この「なるほど」は、「では、このへんで」という言葉を呑《の》み込んだ意味である。

相手が「なるほど」に続いて「わかりました」という言葉で相づちを締めたなら、話を切り上げるのがスマートな処し方ということになるのだ。

第二章

人は「容姿」で9割わかる

13 笑顔の人

満面の笑み、人なつこい笑顔、あるいは破顔――。

笑顔で接してくる人は、あなたと良好な人間関係を築きたいと願っている。

「当たり前だろう」

と言ってはいけない。

笑顔の下の心理というやつは、ひと筋縄ではいかないのだ。

まず「表情」と「言葉」の関係について押さえておこう。**同じ言葉であっても「笑顔」で発するか「仏頂面《ぶっちょうづら》」で発するかで、相手の応対はまるっきり変わってくる。**

たとえば私に、こんな経験がある。

四十前後のときだったか、地下鉄のなかで、乗ってきた若者が私にぶつかった。昼間の車内ですいていたから、若者はたぶん余所見《よそみ》をしていたのだろう。

「すみません」とでも言えばそれで済んだのだが、若者が黙って通り過ぎようとした

ので、

「おい、ぶつかっておいてシカトはないんじゃないか？」

呼び止めて注意すると、

「すみません」

と、若者は仏頂面で謝ったのだ。

私としては、年長者として、ちょっとだけ諭すつもりでいたのだが、フテくされた顔を見せられたのでは黙っているわけにはいかない。

「なんだ、その顔は！」

と一喝。

次の駅でホームに強制降車させたのである。

若者にしてみれば予想外の展開だったのだろう。青くなっていた。

もちろん私は手を出さず、コンコンと説教して放免にしたのだが、もし彼が笑顔で、

「あっ、すみません」

と言っていたら、どうだったろうか。

少なくとも、こちらも、

「なんだ、その顔は！」

というセリフにはならなかったはずだ。

これが、同じ言葉であっても「笑顔」で発するか「仏頂面」で発するかで相手の応対はまるっきり変わってくる――ということなのである。

この心理を脳科学では「ミラー・ニューロン仮説」と言う。人間は相手の動作を見たとき、あたかも自分も同じ動きをするかのように活性化する神経群が脳にあるとするもので、一九九〇年代、イタリアの研究者が提唱した。ミラーは「鏡」、ニューロンは「神経」のことから名づけられた。ひらたく言えば、「**相手の心に伝染する**」というわけだ。

学説を持ち出さなくても、私たちはこのことを経験で知っている。だから、良好な人間関係を築こうとするときは笑顔を浮かべるわけだが、ここで要注意！

話をごまかしたり、丸め込もうとしたりする詐欺師タイプも満面の笑顔を浮かべるので、その笑顔にうっかり伝染すると、とんでもないことになる。

だから、**笑顔で接してくる相手には、伝染しないよう気持ちを一歩退《ひ》くこと。**仏頂面をするわけにもいかないだろうから、口もとの笑み程度を返しておいて、相手の真意を探る用心深さが求められるのだ。

ちなみに笑顔の真意を見抜く基本は、**親和を求めて笑顔を見せる人はへりくだった話し方をするし、詐欺師タイプは会話をリードしようとする**――と心得ておくといいだろう。相手の真意がハッキリとし、「この人間となら、つき合っていきたい」と思った段階で満面の笑みを返せばいいのだ。

強面《コワモテ》の兄ィや論客などタフネゴシエーターは、無防備な笑みを絶対に返さない。「ミラー・ニューロン仮設」が身についているからである。

14 姿勢がいい人

「よろしくお願いします!」

編集者の紹介でやってきた若手フリーライターが、姿勢を正し、丁重に、元気よく挨拶《あいさつ》をした。

「どうです、好青年でしょう」

編集者も得意顔で、「いろいろ仕込んでやってください」と言った。

なるほど気持ちのいい態度である。背筋を伸ばして、きちんと挨拶する若者は、いまどき珍しいと言ってもいいだろう。見どころのある青年だと思うが、一方で、

(だが……)

という懸念も抱いた。

姿勢がいいのは評価できるが、よ、す、ぎ、るのではないか——というのが、私の〝五秒の直感〟であった。

姿勢がよすぎるタイプは、ややもすると考え方に硬直的なところがあるため、ここをきちんと見抜いておかないと、冗談が通じないということにもなりかねない。

実は、私が若いころ——フリーライターとしてガムシャラに仕事をしていた当時がそうだった。空手をやっていたこともあり、姿勢には常に留意してきたし、

「いつも姿勢がいいね」

と言われると嬉《うれ》しくなった。

姿勢がいい人間は、やる気がみなぎっているように見える。いや、やる気がみなぎっているから姿勢がよくなるのだ。背を丸めて足を引きずって歩く人間より、誰だって評価してくれるに違いない。そう思っていた。

のち、人生経験をへて気がつくのだが、これは若かった私の勘違いなのだ。「やる気がみなぎっている→姿勢がいい」と「姿勢がいい→やる気がみなぎる」とは別物であることに気がつかなかったのである。

「姿勢がいい→やる気がみなぎる」となれば、「姿勢が悪い→やる気がない」と結論づけることになる。だから私は、姿勢の悪い先輩ライターや同僚を目にすると「やる

気のない人間である」と断じて批難したものだ。

このように、姿勢にこだわりすぎる人間は、私の経験では「かくあるべし」と教条的な思考を持つ人間が少なくない。その理由は、姿勢の良し悪しは目につきやすいため、やる気、努力、心構え——といったものの象徴としてとらえるからだろうと思っている。

姿勢はフツーでいいのだ。仕事の能力や人格、生き方とは何ら関係ないにもかかわらず、**姿勢にこだわる人間は、何事においても「かくあるべし」という硬直的な考えをしてしまう傾向がある。**

だから、編集者が姿勢を誉《ほ》め、好青年だとする若手フリーライターについて、直感的に「彼、性格が難しいかな」——と危惧《きぐ》したというわけだ。

居酒屋に席を替えてから、

「文章上達の秘訣《ひけつ》は何でしょうか？」

と若手フリーライターが質問したので、

「何も書かないこと」

と返答したらムッとした顔をしたが、

「取材力をつけるにはどうしたらいいでしょうか？」

と気を取り直すように再度、質問してきたので、

「チンタラやっていれば、そのうち取材力もついてくるさ」

彼の顔に朱が差したのは酒のせいではなく、バカにされたとでも思ったからだろう。

逆説が通じないようでは、ライターとして大成はしまい——と思ったが、もちろん、言葉には出さなかった。

姿勢は大事だし、姿勢がいいのはもちろん結構なことだが、会って最初の五秒で、

（この姿勢、よすぎるな）

と不自然に感じたら「会話には要注意」ということを憶《おぼ》えておくといいだろう。

15 奇抜な服装の人

ハワイに旅行したときのことだ。

レストランの窓側の席に座って昼メシを喰《く》っていると、浴衣《ゆかた》を着た日本人の若者が団扇《うちわ》をパタパタやりながら、目の前の歩道を通り過ぎていった。

（なんじゃ、あいつ？）

食事の手を止め、私は窓越しに後ろ姿を目で追った。

私は和服をよく着るし、浴衣も大好きだ。だが真っ昼間、ジリジリと肌を焦がす日差しのホノルル市街を着て歩こうとは思わないし、これはクレイジーというものだ。浴衣の風情は、陽が翳《かげ》った夕暮れ、涼風を袂《たもと》に入れながら、そぞろ歩くところにある。浴衣の裾《すそ》からのぞく女性の白い足首に色気があるのは、薄暗いなかに浮かぶからである。

ＴＰＯ（時間や場所、状況）を無視した服装をする人が、たまにいる。

私の知人でもある前住職の傘寿《さんじゅ》（数え年八十歳）のパーティーが、ホテルの一室で開かれたときのことだ。五、六十名ほどが集まったが、ほとんどが法衣《ほうえ》やスーツ姿のなかで、ジーンズに赤いブルゾンでやってきた雑誌編集者がいた。彼は目立つほどに浮いていた。

私なら、いや一般的な感覚では、

（ネクタイしてくればよかった）

と後悔し、肩身が狭い思いがするものだが、彼は違った。笑みを浮かべ、得意顔で名刺交換をしていた。

また、ヤクザ諸氏のパーティーに法衣を着てきた僧侶がいた。それも、鮮やかな朱色の衣である。目立つなんてものではない。

兄ィたちが入れ替わり立ち替わり寄っていって話しかけていた。主催者とその僧侶がどういう関係なのかは知らないが、兄ィたちに話しかけられ、得々とした僧侶の顔が印象的だった。

あるいは、広告代理店の知人が私に紹介した新入社員は、スーツこそ濃紺のビジネスマンカラーであったが、ネクタイの柄が奇抜だった。女性ヌードの小さな絵柄が散りばめられていて、思わず目を惹《ひ》く。

どうやら私が顔をしかめたらしく、それに気づいた知人が、

「彼、ユニークでしょう。これが持ち味なんで、期待しているんです」

とフォローしたものだ。

これらはほんの一例だが、ハワイの浴衣も、ジーンズに赤いブルゾンも、朱色の法衣も、そして女性ヌードのネクタイ柄も、ユニークと言えばそのとおり。

だが、これを「個性」だと思ったら間違いである。私の経験から言えば、**場違いな服装をあえてする人間は、プライドの塊である**ことが多いのだ。

（俺《おれ》は、みんなとは違うんだ）

という強烈なプライドが、場違いな服装をさせている、と思っていい。

そうでなければ、気恥ずかしくて早々に退散するだろう。それが常識人の感覚であって、得々とした顔でいられるわけがないのだ。

その場にふさわしくない服装や、奇抜な服装をした人に会うと、私はまず、その服

装を話題にし、徹底して誉《ほ》める。

たとえば、

「オレンジ系のスーツというのはあまり見かけませんが、こうして拝見すると、なかなかシャレていますね」

と、スーツの色を誉めたとする。

「いやいや、そんなことないですよ」

と謙遜《けんそん》するか、

「スーツの色はもっと自由でいいというのが私の持論でして」

と得意になってしゃべるかは相手によるが、どちらにしても気をよくしていることに変わりはない。

その理由は、スーツの色を誉められたこと自体ではなく、深層心理——すなわち「俺は人とは違う」というプライドが満たされたことに対して気をよくしているのだ。

これがもし、服装の奇抜さに言及せず、

「さっそくですが……」

と用件を切り出されると、相手はプライドが傷つけられ、気分を害する。害しないまでも、相手の気持ちが弾まないことは憶えておくといいだろう。

逆説的に言えば、**ＴＰＯを無視した服装をする人には、服装をヨイショしておけば、まず対人関係に失敗することはない**――ということでもあるのだ。

16 小物グッズで見抜く

「このとおりです！」

土下座し、熱意を態度で示してうまくいくのは劇画の世界だけ。

交渉や頼み事で満足のいく結果を得ようとするなら、ただ「お願いする」だけではダメで、相手の性格を見抜き、それに応じた攻め方をしなければならない。

たとえば、虚栄心の強い人間には徹底して〝おだて戦略〟。

奴凧《やっこだこ》を舞い揚がらせるつもりでヨイショし、

「どうか、ひとつ、よろしくお願いします」

と、モミ手をしてみせれば、

「わかりました」

ということになる。相手は気がいいのではない。虚栄心をくすぐられたことで、ノーと言えなくなってしまうのである。

あるいは、一家言を持つ〝こだわり派〟に対して、相手の主張を論破しようとするのは逆効果。主張をそのまま認めてから、

「しかし、こういうとらえ方もあるのではないですか？」

と、流れを少しずつ自分のほうに引き寄せていく――といった具合だ。

私の経験をもとに、**相手の性格を見抜き、攻めていく四つのタイプ**を具体例で紹介しよう。手掛かりは「小物グッズ」である。

知人が、返済をめぐってヤミ金業者とトラブルになったときのことだ。

頼まれて私も同席したが、ヤミ金の人間は、ひと目で高級仕立てとわかるダークスーツに、ピカピカに磨いたテストーニの高級靴を履いていた。そして、名刺入れもテストーニ。服はもちろん、小物グッズまで一流品でまとめている。

経済的な余裕があってそうしているのかどうかは別として、**一分《いちぶ》の隙《すき》もない人間は徹底して虚栄心が強い**――と思っていい。

ホスト、ホステス、ヤクザ、芸能人など〝虚栄の世界〟で生きている人間を見れば、このことに納得するだろう。こうしたタイプはプライドが高い。

「なら、出るところへ出ますか」

と違法金利を衝《つ》いて、このプライド高いヤミ金業者を攻めるのは得策ではない。

「よっしゃ！　わしが死ぬか、おのれらが死ぬか、トコトン行こやないか！」

たとえハッタリとしても、話はこじれ、面倒なことになる。そこで、

「借りた以上、払うのは当たり前ですが、利息については、お宅さんの器量にお願いするしかないんですがねぇ」

と、**器量、男気——といった言葉をまぶしてヨイショ**し、利息は半分で手を打ってもらったのである。これが**《おしゃれ＋グッズ一流》タイプ**への対処法だ。

次に**《おしゃれ＋グッズ三流》タイプ**。私が中堅広告代理店から、同社がクライアントとする企業広報誌の原稿を依頼されたときのことだ。

代理店の広報部長と会った。チェックのジャケットにシルクのシャツを着てカッコよかったが、名刺入れがよくない。黒革だが、使い込んでヨレている。ポイントは、**服のカッコよさとの落差**だ。

彼のセンスからすれば、人前で取り出す名刺入れには気を配って当然のはずだが、

無頓着《むとんじゃく》でいる。おしゃれな人間が名刺入れや手帳、筆記用具といった小物グッズに手を抜く人は、表面的なことや形式的なことにはこだわるが、本質的なことが抜け落ちる傾向がある。

だから、こういうタイプを相手に、

「原稿のコンセプトはどうしましょう？」

といった本質論をテーマにするとイヤがられるため、**本質論はあえて避け、表面的、形式的なことで話を進める**。「広報誌の発行部数は？」「原稿の枚数は？」「〆切は？」「狙いは？」「そのほか注意すべきことがありますか？」……。実際、この広報部長との会話は弾み、良好な人間関係が築けたのである。

三番目は**《ダサイ服＋グッズ一流》タイプ**。

結論から言えば、〝こだわり派〟。**一家言の持ち主で、自説を曲げない**。

ヤクザだからといって、誰もがブランド品で身を飾っているわけではなく、ジーパンやジャージ姿の兄ィもいる。だが、服装《なり》は無頓着のようであっても、キンピカの腕時計、メガネ、あるいはクロコの財布など一流グッズを身につけたり持っていたりするタイプは、ひと筋縄ではいかないものだ。和気藹々《わきあいあい》と会話をしていても、「そら、違いまっせ」

と異を唱えたり、順調に交渉が進んでいても、

「いや、そこんところは納得でけません」

ピシャリと跳ね返してきたりするので、相手の笑顔に気をゆるめてはならない。

「スーツをビシッと決めたヤクザより、ジャージに金無垢《きんむく》時計のほうが応対に骨が折れます」

とは、クレームに応対するヤクザ専門雑誌の編集者の弁である。

編集者といえば、私にこんな経験がある。ヨレヨレのジーパンを穿《は》いた若い編集者に初対面で会ったときのことだ。

(垢抜《あかぬ》けないな)

というのが第一印象だったが、名刺交換のあと、彼は帆布《はんぷ》のショルダーから無造作にモンブランの高級ボールペンを取り出したのである。〝こだわり派〟に違いない。

私はそう見当をつけた。彼が主張する本のコンセプトについて異論があっても、そ

れを**真正面から反論したのでは〝反論のための反論〟を招く**だろう。

彼は絶対に譲らないはずだ。そこで、私は彼の意見に賛意を表したうえで、

「たとえば、キミの言う〝自己演出〟という技法は、視点を変えれば〝演出を見抜く〟という技法にもつながるかもしれないね」

微妙に視点をズラしつつ、我田引水に持っていったのである。

最後に**《ダサイ服＋グッズ三流》タイプ**。これは、往々にして**人物も三流が多い**と心得ておけばよい。

17

メガネの選び方で性格がわかる

メガネは「性格」を表す。

どんなメガネを掛けているかを見れば、その人が**「どんな人間に見られたがっているか」が一瞬にしてわかる**のだ。

このことに気づいたのは、私自身の体験からだ。

編集企画会社をやったり、ビジネスのコーディネートをやっていた三十代は、金ブチのメガネを掛けていた。大風呂敷を広げて、「なるほど」と相手をその気にさせるにはハッタリが大事。ビンボーくさく見られれば、誰も耳を貸さない。

これが人間心理だ。

そこで、メガネに工夫した。

いまも忘れないが、メガネ店に買いに行って、

「どんなメガネをお探しでしょうか？」

と応対した中年男性店員に、

「カネがあるように見えるメガネを頼む」

と告げて、目を白黒させた。

店員は冗談だと思ったようだが、私は本気だったし、メガネを選ぶ際、これほど的確な表現はなかったろうと、いまでも思っている。

当時の私は、ハッタリをきかせることを主眼にメガネを選んだのである。だから当然、交渉においても、ハッタリやブラフをカマしていた。

執筆が忙しくなった四十代は〝物書き風〟のメガネに変えた。円形のレンズである。金ブチはやめ、銀ブチか黒いセルフレーム。もちろん、レンズにカラーの類《たぐい》はいっさい入れない。ハッタリ人間でなく、物書きに見られたいと思ったのだ。

僧籍を得た五十代は、平凡な、そして安価なメガネに変えた。質素を旨とする僧侶に見られたかったのだ。

そしていまは、金ブチに戻った。

僧籍にある人間が、ハッタリをきかせた金ブチメガネを掛けるというアンバランスさが面白いと考えるようになった。つまり、世をすねはじめたということなのだろう。

こう考えていくと、**メガネはその人の心を雄弁に物語っている**ことがわかる。

その気になって知人や周囲の人間を見ると、このことに納得するだろう。

チンピラはいかにも、それ然としたメガネを掛けてハッタリをカマしている。

大学教授で学者をアピールしようとする人は、黒ブチのレンズが大きめのメガネ。

イケメンに自信を持っているホストは、フレームレスのメガネを掛け、素顔を強調する。

ホステスは、著名ブランドか、いかも豪華に見えるメガネで自己顕示する。

派手なフレームのメガネを掛けている人も自己顕示欲は強いが、このタイプは**自分にコンプレックスを持っていて、その裏返しとして自己顕示している場合が少なくない**――ということも、頭に入れておくといいだろう。

また、個性的なデザインのメガネを掛けている人はナルシストが多く、お世辞に弱いものだ。

「初めまして」

「よろしく」

と顔を合わせた瞬間、相手のメガネから「性格」を見抜くことができるのだ。

18 ネクタイの結び目がキッチリしている人

ネクタイの色や柄は、自己顕示欲のバロメーターである。

人前に出るのが億劫《おっくう》で、万事において控え目な人は、たいてい地味なネクタイを締めている。逆を言えば、地味な色のネクタイは「控え目な人間に見える」ということ。だから、目立つことを避けるため、役人はあえて地味なネクタイをする。

反対に、芸能人や政治家など、自己顕示欲の強い人は派手なネクタイをして、存在感を強烈にアピールする。これも言い換えれば、派手なネクタイをすることで目立ちたいという願望の現れである――ということになる。

ブランドも同様だ。誰が見てもブランド名がわかるネクタイをしている人は自己顕示欲が強く、有名ブランドであっても、ひと目でそれとわからないネクタイをする人は、控え目な性格か、あえて控え目に見られたい人である。

もう一つ、ネクタイで見落としてならないのは〝結び目〟である。

意外にこの部分に気がつかないようだが、相手の「敬意」はここに出る。だから私は、色や柄と同時に、結び目がきっちりしているか、ゆるんでいるかを見てから、どう接するか、どう話を進めるかを決めるのだ。

こんな経験がある。

ライターとして駆け出し当時のことだ。署名原稿だけでは喰《く》えないので、ゴーストライターの仕事をずいぶんこなした。有名歌手もいれば教団教祖もいるし、政治家、実業家など、ジャンルを問わず引き受けた。

そんな一人に、手広く飲食店チェーンを展開するオーナーがいた。同チェーンのPR関係を仕切る広告代理店からの依頼で、オーナーは超ワンマンの頑固者と聞いていた。こういうタイプは何度も原稿に直しが入るので、いささか気が重かった。

ところが会ってみて、

(ウワサとは違うんじゃないか?)

と直感した。

ネクタイである。色も柄もハデで、ひと目で有名ブランドのものとわかり、自己顕示の強さがうかがえるが、私が感心したのは、ネクタイの結び目がきっちりしていたのである。こういうタイプは、超ワンマンであっても、理不尽なことは言わないし、要求もしない。「1＋1＝2」という厳格な処し方を信条とする人が多く、だから頑固に思われてしまうのである。

このオーナーは、取材の手順から原稿の組み立てなど、事前にきちんと説明をして了承したなら、あとから無理は言ってこない——と、私は咄嗟《とっさ》に考え、事前の説明にじゅうぶん時間をかけることにしたのだった。

結果、さして原稿に直しも入らず、うまくいった。もし、頑固で超ワンマンという風評を鵜呑《うの》みにし、どうせ何度も原稿に直しが入るのだからと、事前説明をおざなりにしていたら、こうはいかなかっただろう。

この逆もある。ベンチャー関連で、「太っ腹」と評判の実業家がそうだった。会ってみると、ネクタイの結び目がゆるんでいて、太っ腹のイメージそのままにラフな印象である。ところが、いざ取材を始めたら説明がくどく、また細かいのには閉口したものだった。

そんな経験が何度か続くうち、私はネクタイの結び目は「相手に対する敬意」に関係しているのではないかと考えるようになった。それで会う人ごとにネクタイの結び目に注意を払い、分析をしていくうちに、次の結論に達した。

結び目のきっちりした人は、神経質だが、一度決めたことは覆さない。先の飲食店チェーンのオーナーのように、超ワンマンであっても、正攻法で接すれば無理は決して言わないということ。反対に、**結び目がゆるんでいる人は、人当たりがよくても前言を簡単に翻してしまう**ので、一緒に仕事をする場合は慎重に事を運ぶ必要があるということなのだ。

これは心理学の見地からどう説明がつくのかわからないが、誰しも大事な儀式に臨むときはネクタイの結び目を直す。ひと仕事終えてリラックスするときは、結び目をゆるめる。同様に、相手に敬意を表する気持ちがある人は、結び目を気にするだろう。ヒラ社員が社長に会うとき、結び目をゆるめたままにする人はいない。

ネクタイの結び目も実戦的人物鑑定法の一つなのである。

19 靴を見よ

かつて旅館の女将《おかみ》や番頭は、客のフトコロ具合を一瞬にして見抜き、相応の部屋を勧めたという。

旅行代理店も少なく、インターネットもなかった時代、客は飛び込みで旅行先に泊まることが多かったが、このとき、どのランクの部屋を客に告げるかが勝負となる。金持ちに安い部屋を勧めれば儲《もう》け損なうし、フトコロに余裕のない客に高い料金の部屋を告げれば、「じゃ、結構です」と逃がしてしまい、これも儲け損なってしまう。

だから昔は、経営手腕として客に対する目利《めき》きが問われた——とは、某温泉老舗《しにせ》旅館の若旦那《わかだんな》だ。

「では、どうやってお客さんの経済事情を見抜くかと言えば、履き物だそうです。祖父に訊《き》いた話では、上等のものを履いていればお金があり、着ているものが立派でも、履き物が古くてくたびれていれば経済的に余裕がないそうです」

このことは現代でも同じで、知人のファッション関係者に言わせれば、

「スーツ、ネクタイ、ワイシャツと、目立つものから順に揃《そろ》えていって、たいてい最後が靴になる。靴は流行がありませんから、ついケチってしまう。それに、脱いでみたときこそ、当人もくたびれ感がわかりますが、履いているときは気がつかないもの。だから靴には手を抜いてしまうのです」

ということになる。

旅館の若旦那も、ファッション関係者も、

「これを〝足もとを見る〟と言います」

と口を揃える。

「足もとを見る」の語源は本来、街道筋や宿場などで、駕籠《かご》かきや馬方が旅人の足もとを見ることを言った。足もとの具合から疲れていると見るや、高い料金を吹っかけるというわけだ。

このことから転じて、相手の弱みにつけ込むことを「足もとを見る」と言うが、人を見抜くうえにおいて、旅館同様、「足もと」は重要な手掛かりになるのだ。

ブランド物でなくても、手入れの行き届いた靴を履いている人間は、あなどれない――と思っていい。注意して見ればわかるが、一流ビジネスマンやヤクザ幹部は、例外なく履き物がきちんとしている。

経済的に余裕があるからではない。

稼ぎの少ない若者であっても**「有能」と評判の人間は、ヨレた靴は履いていない**ものだ。彼らは、スーツであれカジュアルであれ、頭のてっぺんからつま先まで気を配っているゆえに、履き物がきちんとしているのである。

これは、わが身を振り返ってみればわかることだが、髪型の乱れやネクタイの曲がりなど、表面的で目につくところには注意を払うが、履き物にまでは目配りしないのではないだろうか。

スーツやジャケットをカッコよく着こなしていながら、**ヨレたり汚れた靴を履いている人間は《頭隠して尻《しり》隠さず》タイプ**なのだ。

首尾一貫せずとも気にならない人間で、事の本質よりも、表面的なことに関心を奪われることが多い。だから、話は順を追い、論理的な言い方で迫れば、説得は容易だ。

ひらたく言えば、「詭弁《きべん》で説き伏せることができる」ということだ。

ちなみに街金融をやっている知人に言わせれば、取り立てに行って債務者に丸め込まれるのはこのタイプだそうだ。

「期日に返済すべく資金繰りの予定を立てていたんですが、取引先にアクシデントがあったために入金予定が遅れて……」

こんな論理的な言い訳をされると、「それもそうだ」と納得してしまう。

反対に、きっちり取り立ててくるタイプは、「期日に返すべし」と首尾一貫した考えの人間だそうだ。

「取引先にアクシデントがあったために入金予定が遅れて……」

「取引先のことまで知ったこっちゃない。期日は今日や」

と迫っていく。

では、靴を見て、どう対処したらよいのか——。

ヨレた靴を履いた人間と仕事を進めていくときは、たとえば企画書などは分厚くしたほうがよい。その厚みを見ただけで納得する。

だが、靴にまできちんと気を配るタイプは、そうはいかない。

目の前に置かれた企画書をパラパラとおざなりにめくってから、

「で、何をどうしようと言うわけですか？」

ズバリ、核心を衝《つ》いてくるため、詭弁も、ごまかしも通じないのだ。

20 性格を見抜いて「話し方」を変える

「人を見て法を説け」――と言ったのは、お釈迦《しゃか》さんである。

同じ内容であっても、**相手の性格や資質に応じて「話し方」を変えなければ、意はじゅうぶんに伝わらない**ということで、これを「対機説法《たいきせっぽう》」と言う。

一方、中国の諺《ことわざ》に《朝三暮四《ちょうさんぼし》》というのがある。

周知のように、猿に向かって、

「エサは朝四つ、夕方三つでどうだ」

と提案したところが大ブーイング。

「わかった。じゃ、朝三つで夕方四つだ！」

と言い換えると、猿たちは喜んで納得した――というものだ。

お釈迦さんの「待機説法」とは本質をまったく異にするが、〝相手を説得する〟という手法においては同じということなのである。

対人関係も同様だ。

「説得上手」「交渉上手」と呼ばれる人は、話す内容は同じでも、相手に応じて、話し方も、話の組み立ても自在に変え、「待機説法」を用いている。

具体例を挙げよう。心理学の見地ではなく、私が経験から導き出した実戦心理術である。

週刊誌の人物連載で、人気の実年男優を取材したときのことだ。過去に女性スキャンダルがあり、そのときを振り返った話はどうしても聞いておきたかったが、彼にとっては苦い思い出だ。どういうタイミングで切り出せばいいか、そのことを念頭に置きつつ、彼とホテルのラウンジで会い、向かい合って腰を下ろした。

と、そのとき、グラマラスなウエイトレスが席のそばを通り、彼の視線がチラリと彼女のヒップに走ったのである。

こういうタイプ——すなわち、**意識がデジタル式に変わる人間**には、唐突に、そして、**質問するのが「当たり前」のような顔をして切り出せばいい**のだ。

そうすれば、相手は深く考えることなく、瞬時に応対しようとする。

「下積み時代は苦労されたでしょうね」

「そうなんですよ。衣装代どころか、食費にも事欠くありさまで」

「彼女とは、どこで知り合ったんですか？」

「渋谷の……」と話し出した。

「なんですか、唐突に」という反応は、まず返ってこないのが、このタイプ。

「御社の会長、講演に引っ張りだこですね」

「そうなんですよ、話が面白いので」

「単価、あと十パーセント下がりませんか？」

「十パーですか……」

「八パーならいけますか？」

こんな調子で土俵に引きずり込めばよい。

注意すべきは、**キョロキョロと視線が動く相手**だ。

一見、デジタルタイプに見えるが、そうではない。

ヒップに視線を走らせた先の男優は、意識がヒップに居着いているため、不意打ちに反応するが、キョロキョロ人間の意識は、キョロキョロゆえに、どこにも居着いてはいない。

「単価、あと十パーセント下がりませんか？」

「唐突ですな」

冷静であるため、切り替えされることになる。

こういうタイプには、**きちんと順を追って論理的に攻めていくべき**で、《朝三暮四》のレトリックは相手の疑心を生むことになるのだ。

21 「好みの色」でわかる性格

誰しも「好みの色」がある。

紺系であったり茶系であったり、あるいは赤や黄色などハデ系であったり、人それぞれだが、

「なぜ、その色が好きなのですか？」

と問われると、返事に窮することだろう。

なぜなら、「好みの色」は性格であって、理屈ではないからだ。

たとえば色彩心理学では、

「冷静、沈着、誠実、控え目、理知的といった性格の人は、紺系を好む」

と説明し、

「赤系が好きな人は、情熱、欲望、好奇心などに富み、目立ちたがり屋で、行動力がある」

とする。

「色彩」と「性格」を結びつけて考えるのは、色彩が心理に与える影響から導き出されたものだ。

暖色系を暖かく、寒色系を冷たく感じるのはよく知られるとおりで、両色の心理的温度差は三度あるとされる。しかも暖色系で鮮やかな色は見る人に興奮を与え、逆に寒色系は沈静を与える。

あるいは同じ重さの荷物であっても、黒色の箱に入れるとより重く、白色のそれはより軽く感じるものだが、黒色は白色の一・八七倍重く感じるとされる。

こうした色彩心理学をもとに、それぞれ「好みの色」から性格を分析し、

「あの人は紺系が好きだからクールだな」

と見当をつけるというわけだ。

だが、性格というやつは、白・黒・赤といったようにハッキリと色分けできるものではない。

「喜怒哀楽」という正反対のものが心に渾然《こんぜん》一体となって同居しているように、性格

もまた「強気」と「弱気」、「自主性」と「依頼心」、「激情」と「冷静」、「主張」と「譲歩」といったように、相反するものが矛盾なく具《そな》わっており、その時々の状況や環境に応じて外に現れる度合いが違ってくるにすぎない。

私の経験からすれば、「性格＝好みの色」という単純図式ではなく、「好みの色＝見られたいイメージ」ということになる。

つまり、周囲にどう見られたいか、どんな人間だと思われたいか、どんな自分でありたいか——という願望が、服装などの色の好みに現れているということなのだ。

したがって**「性格＝好みの色」から見当をつけた相手の性格は、往々にして真逆のことが多い**ので即断は禁物ということでもある。

たとえばチンピラは、いかにもワル然としたド派手な色や柄の服を好んで着る。「粗暴な性格＝ド派手な色」ではなく、ガラガラヘビがガラガラとシッポを鳴らすのと同じで、「ヤバイ人間」に見られたいという願望の現れなのだ。

親分や幹部クラスはダーク系のスーツが多い。

「おとなしい性格＝ダーク系」というわけではない。立場からして、あえてワルを演出する必要はなく、むしろ控え目にしたほうが貫禄《かんろく》があるように見えるという心理が働いているのだ。

売れない芸人は奇抜な衣装をし、売れっ子になるにつれてノーマルになっていくのも、それと同じ心理と言っていいだろう。

次に、諸データをもとに、色彩イメージを紹介しておく。

この色の服装をしていたら、「**そう見られたい自分＝素顔はその反対**」ということを念頭におきつつ、話を進めるがよい。

赤系の色彩心理は先に記したように、情熱、欲望、好奇心などに富み、目立ちたがり屋で、行動力があるということから、「リーダーに見られたい、リーダーになりたい」という願望を持っている人が多い。言い換えれば、素顔はリーダーシップの要素に欠けているため自信が持てず、優柔不断なタイプであるかもしれない。

青系も前述のように、冷静、沈着、誠実、控え目、理知的ということから、「協調的で、参謀の立場に立ちたがっている人」と見当をつけていいだろう。素顔はすでにおわかりのように、その反対で、意外にワンマンなタイプが多い。

グリーン系は「穏やか、堅実、忍耐、優しさ、争い事を避ける」というものであることから、素顔は意外にケンカっ早いところがあるはずで、言葉には配慮する必要がある。

茶系は「温もり、安定、平穏、堅実、保守的」。したがって性格は、ハネッ返りで怜悧《れいり》な面を持っている、と思っていいだろう。

深く考えることはない。色から直感した性格の真逆を念頭におけばいいのだ。

22
イメージの演出に騙されるな

「見かけなんかで評価しないでくれ」――という思いを、「ボロは着てても心は錦《にしき》」と言う。

身なりはたとえ貧相でも、気位《きぐらい》や、志《こころざし》は誰にも負けない――という矜持《きょうじ》だ。

《錦》とは、色糸や金銀糸を用いて模様を織り出した絹織物のことで、豪華な織物を総称して言うことから、見かけはどうあれ、内面の素晴らしさを譬《たと》えて言ったものだ。

「人間は外見じゃなく、内面が大事だ」

と言えば、誰しもうなずくことだろう。

では、袖口《そでぐち》がほつれてヨレヨレになったスーツを着た人と、見るからに高級仕立てのスーツを着た人とでは、どっちとお友だちになりたいと思うだろうか。

あるいは、ド派手なダブルのスーツを着て濃いサングラスを掛け、見るからにワルなイメージの人と、お近づきになりたいと思うだろうか。

もっと言えば、「長」の肩書きのつく人と、ヒラとでは、どっちと知り合いになりたく思うだろうか。

「人間は外見じゃなく、内面が大事だ」と言いながらも、私たちは**現実においては、見かけや肩書きで相手を評価している**のである。

この心理に通じた人間は「外見」で勝負してくる。仕立てのよいスーツに高級腕時計をしている。たとえローンで買っていようとも、そのことは相手にはわからない。

チラリと腕時計に目をやって、

(すげぇのしてるな)

と思ってしまう。「高級時計→高給取り→有能」という連想がよぎり、思わず引き気味になってしまう。

あるいは、

「御社の××専務は、私と大学が同窓なんですよ」

と笑顔でカマされれば、これもつい一目置いてしまう。

「ほう、ウチの専務と親しいんですか」

とは聞かないもので、「口に出すくらいだから、親しいに違いない」と推察して、思わず引き気味になってしまう。

これは私の若いころの経験だが、取材で会った初対面のビジネスマンに、着ていたコートをこう言って誉められたことがある。

「そのコート、素敵ですね。日本でお買いになったものじゃないでしょう?」

「いえ、日本のデパートで買ったものですが……」

「そうですか！　いいデザインですね」

私は誉められて気分をよくするよりも、

(この人、海外出張が多いんだな)

と、実際はどうかわからないにもかかわらず――ビジネスマンとして有能なイメージを抱いたものだった。

「外見」というやつは、単に見てくれだけでなく、肩書きや言葉など、いろんなバリエーションがあるということを憶えておくといいだろう。

ちなみにウラ社会では、何某《なにがし》かの肩書きがつくのも、「外見」を意識してのことだ。

組長が組織のトップということはわかるだろうが、最高顧問、若頭《わかがしら》、理事長、本部長、舎弟頭《しゃていがしら》、特別相談役、会長代行、総務部長、室長、風紀委員長、渉外委員長、慶弔委員長、各種補佐……等々、シロウトには序列がわからず、

（何となくヤバそう）

という雰囲気になるのだ。

第三章

人は「言葉」で9割わかる

23 「誉め方」でわかる相手の器量

お世辞は〝人間関係の潤滑油〟である。

だが、お世辞は難しい。歯が浮くようなヨイショや、取ってつけたような誉《ほ》め言葉は、場合によっては逆効果になることもある。

言い換えれば、**お世辞のヘタな人は〝人間オンチ〟**。上手な人は人間心理に通じているため、万事、そつなく物事をこなせる――ということになる。

初対面の若手編集者が、私にこう言ったことがある。

「向谷さんは文章がうまいですね」

実際にうまいかどうかは関係なく、「あなたと良好な人間関係を築きたい」という言外のメッセージだと私は受け取ったが、あまり愉快ではなかった。なぜなら「うまい」「ヘタ」は評価であり、年下が年上に、しかも初対面で口にすべき言葉ではないからである。

若手編集者の気持ちはよくわかってはいるが、「お世辞がヘタ」という初対面の印象で、

（彼は仕事において、あまり有能ではないだろう）

と、私は見当をつけたのだった。

仕事のできる人間は、そんな無神経な言い方はしない。

たとえば旧知の優秀な編集者は、相手を誉める場合、こんな言い方をする。

「今回の作品は改行を多くしてあって、歯切れがいいですね」

白黒のつく「評価」ではなく、「感想」を口にする。しかも、ヨイショになっていて、私の気分が悪かろうはずがない。

「そうなんだ。今回のテーマは……」

と気をよくし、得々と持論を口にすることになる。

このように、相手のお世辞に注意を払うと、相手の人間性が透けて見えてくる。

お世辞から人を見抜く観察眼として、ぜひ練習していただきたいのが、馴染《なじ》みのない店で、ホステス嬢のヨイショを吟味すること。

まず、二流のホステスは客の容姿を誉める。

たとえば秋口を迎えて、客の肌の色が浅黒かったとする。

「ずいぶん日に焼けてらっしゃいますね。何かスポーツなさっているんですか？」

ホステスが笑顔で語りかける。

「うん、ゴルフなんだ。先月もハワイへ行ってさ」

「わっ、いいな！」

となれば客はご満悦だが、色黒なのはスポーツではなく、屋外作業の仕事や、足を棒にして外廻りする営業職の結果となれば、

「いや、特にスポーツをしているわけじゃないけど……」

客にとってあまり気分のいい話題ではない。

「日に焼けている＝スポーツ」という浅薄な思い込みによるヨイショは、**ツボを外すと逆効果になってしまう**ということに思いが至らず、したがって「ホステスとしては二流」と見抜けばよい。

そういえば、中堅の機械メーカーを経営する知人と一緒に飲みに行った店で、

「ところどころに銀髪が走っていて、素敵ですね」

と、ホステスが頭髪を誉めるや、知人は憮然《ぶぜん》とした顔を見せた。銀髪——と言えば聞こえがいいが、要するに白髪のことで、知人は気にしていたのである。

あるいはメタボの話題が出たところで、

「中年だからメタボになるとは限らないでしょう？　こちらのお客さんなんかスラリとされているじゃないですか」

ホステスがヨイショしたので、一緒にいた仲間たちの笑顔が引きつった。スラリとした知人は、ガン治療を受けていたのである。

注意深く聞いていればわかるが、一流ホステスは、**容姿ではなく、着ているものを誉める**。

「紺系のスーツ、よくお似合いですね」

と言うのは定番だが、当たり障りがなく、客の気分もよくなる。いわば〝瀬踏みのヨイショ〟で、座が盛り上がるにつれ、

「赤系のネクタイが似合う人は情熱家と言われますが、そうですか？」

と、くだけた口調で踏み込んでくる。

これは一例だが、**慎重に瀬踏みしながらヨイショ**してくるホステスは一流、と思っていいだろう。

ビジネスマンも同じだ。

「ずいぶん日に焼けてらっしゃいますね。これですか……」

と、名刺交換のあとで笑みを浮かべ、私にゴルフの仕草をした広告代理店の人間がいた。人はよさそうだが、軽薄な人間だな——と、私は思った。

「そうなんですよ」

と返事すれば、

「どちらへ？」

と、話は弾んでいくのだろうが、私の場合はゴルフではない。

「畑の草取りなんですよ」

相手は思いもよらぬ返事に、

「そうでしたか」

と、つぶやくように言って、一瞬の沈黙。ヘタな〝ご機嫌取り〟が逆効果になってしまったのである。

こういうタイプは思慮に欠けるきらいがあるため、話を進めるときは一つひとつ念を押すこと。そうしないと、「えッ？　そうなんですか？」と齟齬《そご》が生じることにもなるのだ。

24 気づかいを見せる人

「気づかい」は、人の心を搦《から》め捕《と》る〝最強の武器〟だ。

たとえば単価交渉で、

「値引きできません！」

と、最初《ハナ》からケンカ腰で言われればカチンとくるが、

「値引きゼロということになれば、お立場上、困ることになるでしょうね」

と申し訳なさそうに言われると、何とか歩み寄りたいと思うものだ。

ここに「気づかい」という、したたかな計算がある。

対立する立場にありながら、気づかいで接してくる相手は、〝最強の武器〟を手に攻め込んでくるケースが少なくないので要注意！　**「この人、いい人」――と手放しで喜んでいると、してやられる**ことになる。

私が、若いライター二人を連れて新規オープンの居酒屋へ飲みに行ったときのこと

だ。お薦めメニューとして、北海道直送の〝イカの姿造り〟があったので、これを二つ注文したところが、若い店長はこう言った。

「お客さん、三人でしたら一つでじゅうぶんですよ」

このひと言で、私たち三人は思わず顔を見合わせた。

（おっ、この店長、良心的！）

嬉《うれ》しくなって、

「じゃ、イカを一つにして……、そうだな、カツオの刺身をもらおうか」

と、余計なものまで注文したのである。

もうおわかりだろう。「一つでじゅうぶん」と気づかいを見せられたことで、私はそれに応えようとして別の品物を注文する。売上げは同じで、しかも「良心的」という評判をこの店は手に入れたのである。

あるいは、

「エー、刺身の盛り合わせに、鳥の唐揚げとサツマ揚げ……」

一度に頼もうとすると、

「冷めますから、刺身を少し食べてからにされたほうがいいですよ」

と、この店長は気づかいをしてくれる。

「あっ、そうか。じゃ……」

と、これまた客を嬉しくさせるのだが、よくよく考えてみると、注文する品数は変わらず、店はまったく損はしていないのである。

もう一例、ホステスの〝気づかいボトル術〟を紹介しよう。

どなたも経験があると思うが、ボトルの残量が四分の一を切ると、客は「空《あ》けてニューボトルを入れるか」「少し残しておいて、入れるのは次回にするか」——と考えるものだ。接待費でバンバン落とせたバブル時代ならともかく、身銭《みぜに》を切って飲むとなると、景気よくニューボトルを入れるわけにはいかない。

バカ話をしながらも、客はボトルの残量を計算しているにもかかわらず、ホステスが早いとこ空けさせようとしてドバッと酒をつぎ、

「あら、ちょっと濃かったかしら」

シラッと言われたのでは、笑顔もひきつることだろう。

一流ホステスは違う。薄くつくって、何とかそのボトルを保たせようとする。

「そんなの全部ついじゃって、新しいの入れてよ」

と客がカッコつけると、

「もったいないから、新しいボトルは次回いらしたときに」

囁《ささや》くように言う。

この気づかいに客は感激するのだが、よくよく考えてみると「次回来店」を約束させられ、しかもニューボトルを入れることに変わりはない。

かくのごとく、「気づかい」は人の心を搦め捕る〝最強の武器〟であり、これを用いて接してくる相手は、実は要注意ということなのである。

25

会話を《二拍子》でする人

相手を気づかう人は《三拍子》で会話をする。

主導権を握って優位に話をしようと目論《もくろ》んでいる人であっても、相手に気づかいを見せる紳士的な人の会話は、必ず《三拍子》になっている。

たとえば名刺交換をして、

「お忙しいところ、畏《おそ》れ入《い》ります」

と、相手が口火を切って《一拍子》。

「こちらこそ、お時間を合わせていただいて、ありがとうございます。御社の近くにすればよかったですね」

と返して《二拍子》となり、

「とんでもございません。ご足労をおかけするわけには参りません」

さらに相手が返して《三拍子》。

そのうえで、

「さて、例の件ですが……」

と、本題に入ってくるのが、気づかいを見せる人。

《三拍子》というのは奇数であり、《五拍子》でも《七拍子》でも同じだ。

相手「お忙しいところ、畏れ入ります」

自分「こちらこそ、お時間を合わせていただいて、ありがとうございます。御社の近くにすればよかったですね」

相手「とんでもございません。ご足労をおかけするわけには参りません」

自分「でも、ここはわかりやすくていいですね」

相手「そうなんですよ。それで、よくここを使うのです」

と《五拍子》になり、笑顔で一拍置いてから、

「さて、例の件ですが……」

と本題に入ってくる。

こういう相手は、性格的に難しい人はそうはいない。意見に隔たりがあろうとも話

せばわかるタイプで、自分の意見や条件を強引に押しつけてくることはない。したがって、こちらとしては説得したり押し切ろうとしたりせず、仲間意識を持って話を進めるのがいいだろう。

ヤバイのは、会話を偶数でする人だ。

先の会話を例に取れば、偶数の会話はこんなふうになる。

相手「お忙しいところ、畏れ入ります」
自分「こちらこそ、お時間を合わせていただいて、ありがとうございます。御社の近くにすればよかったですね」
相手「さて、例の件ですが……」

これが《二拍子》で、「お忙しいところ、畏れ入ります」と話の枕を振られて応えた人間は、気分的につんのめっ、い、い、いってしまう。

《四拍子》でも同じこと。

相手「お忙しいところ、畏れ入ります」
自分「こちらこそ、お時間を合わせていただいて、ありがとうございます。御社の近くにすればよかったですね」

相手「とんでもございません。ご足労をかけするわけには参りません」

自分「でも、ここはわかりやすくていいですね」

相手「さて、例の件ですが……」

五拍目が〝受け〟でなく、本題になれば、会話は尻《しり》切れトンボになって、やはり、いいかい、つんのめってしまう。

こういうタイプはジコチューが多いので、**相手のペースに引き込まれないよう注意する必要がある。**

実例として、私の経験を紹介しておこう。

セミナー講師を依頼されたときのことだ。打ち合わせをすることになり、ホテルのティールームで担当者と会った。

名刺交換をして、

「いつも作務衣《さむえ》ですか？」

と、担当者が私の服装に目をやりながら口火を切った。

「いえ、和服も着るし、スーツも着ますけど」

「レジュメはどうされますか？」

三拍目は受けず、いきなり本題に入ってきたのである。

私はつんのめりながら、

（ちょっと難しい相手かな）

と値踏みし、いい顔をしていると面倒なことを押しつけられるぞと気を引き締めたのである。

案の定、彼は、セミナー受講に先立って配布するレジュメにこだわった。できるだけ詳しく書いてくれ――というわけだ。

私の腹づもりとしては、細部については、受講者の人数や年齢層、立場がおよそわかってからにするつもりでいる。そうでなければ、ピントが外れたレジュメになるかもしれないからだ。

一方、担当者である彼は、より多くの受講者を集めるには、レジュメはできるだけ詳しく、具体的に書くべきだと主張する。言葉づかいこそ丁寧だが、持論を貫こうとしたのである。

私は彼の性格を見抜いていたので、ゴリ押しには腹も立てず受け流しつつ、折衷案的なレジュメで決着させたのだった。

事前に相手の性格やタイプを見抜くことなく話し合っていたなら、ツノを突き合わせて険悪な雰囲気になったことだろう。

26 「忙しくて」を連発する人

「ヒマ＝無能」「多忙＝有能」――。これが、ビジネスマンに対する評価だ。

「××さんはヒマだから、窓際の席で鼻毛を抜いているんだ」と聞けば、無能なんだなと思う。

「忙しくて、寝る時間もない人」と聞けば、有能なんだなと思う。

「多忙」と「ヒマ」は、ビジネスマンの能力を推し量るリトマス試験紙と言ってもいいだろう。

だから、打ち合わせなどで顔を合わせると、「お忙しいですか？」という言葉を相手に投げかけるが、その意図するところは「あなたのような有能な方は、毎日、多忙でしょうね」というヨイショの意味と同時に、**「私も忙しいんですよ」というアピール**でもある。

だから、紳士同士の会話はこうなる。

「お忙しいですか？」

「こき使われています」

ニッコリ笑って受け流しつつ、

「あなたは？」

と問い直すのがマナーで、

「私も同じですよ」

「さっそくですが……」

と仕事の話に入っていく。

ところが、問われもしないのに、

「もう忙しくて、寝る時間もないんですよ」

と、会うなり自分から口にする人間がいる。「私は有能な人間だ」ということを、言葉を換えて臆面《おくめん》もなくアピールしているのだ。

実際、有能であっても「私は有能だ」と言う人はいない。それを口にして恥ずかしいと思わないのだから、こういうタイプは徹底してヨイショし、手のひらで転がせばいいのだ。

「もう忙しくて、寝る時間もないんですよ」

「有能でらっしゃるからですね」

「いやいや」

「御社のエースだと、かねがね、おウワサはうかがっております」

「いやいや」

相手がヤニ下がったところで、

「今日は実りあるお話になることを期待して参りました」

と攻めていくのである。

ヤクザは自己顕示欲の塊のような人たちだが、自慢話をするのは三流。自分から自慢話はしないが、ヨイショされてヤニ下がるのは二流。一流は、徹底して謙遜《けんそん》してみせる。

「お忙しいでしょうね」

「ヒマだよ。時間を持て余しているんだ」

一流ヤクザはこんな言い方をする。

自慢もヨイショも、いい気になっていると相手の手のひらで転がされることを知っているからだ。相手が謙遜したら、不用意なお世辞は慎み、気を引き締めて応対する必要がある。

ある組長に「一流と呼ばれるヤクザは、なぜ、あからさまな自慢話をしないのか」と問うと、こんな言い方をした。

「お宅、財布を開いて、〝俺《おれ》はこれだけカネを持っているんだ〟と言って人に見せるかい？　みっともねぇだろう？　見せること自体もみっともないけど、それっぽちのカネを自慢しているのかって思われることのほうが、もっとみっともないのさ」

「相手を見抜く」ということは、自分を見抜かれないように注意することでもあるのだ。

27 「イヤな雨ですねぇ」とネガティブなことを言う人

会って、あまり嬉しくない相手がいる。

皮肉屋と、ネガティブな言葉を口にする人間だ。

たとえば、旧知の編集者は、

「まったく、こう本が売れないんじゃや、イヤになりますよ」

とボヤく。

「何かいい話ねぇかい？」

と挨拶《あいさつ》代わりに言うのは、旧知のヤクザ幹部だ。

最近知り合った鮨《すし》屋の親方は、

「回転寿司がそんなにいいなら、観覧車に乗って喰《く》ってろ！」

と、盛んに舌打ちをしてみせる。

ウイットに富んだ言葉ならともかく、会うなり皮肉やネガティブな言葉を口にされると気分がよくないだけでなく、話が弾まない。

こちらがどんな話題を振ろうとも、こうしたタイプは「でも」「しかし」「だけど」――と、必ず懐疑の言葉で応じてくる。

先日も、この鮨屋のカウンターで、

「又吉直樹《またよしなおき》は芥川《あくたがわ》賞をもらって、たいしたもんだね」

と親方に言うと、

「さあ、どうなんだかねぇ。あいつも出版社も儲《もう》かって万々歳じゃないの」

皮肉にしてネガティブな言葉が返ってくる。

「そんなことないさ」

と、私がムキになって擁護することは、もちろん、ないにしても、気分はよくなく、会話はここで気まずく終わる。

プライベートの関係であれば、そんな相手とは会わなければいいわけだが、仕事上の関係者となれば、そうはいかない。

そこで私は、ことに初対面の場合――自己紹介のあとの雑談的挨拶が**ポジティブか**

ネガティブかによって相手の性格を判断し、話の展開を変えることにしている。

たとえば、台風の日のこと。待ち合わせの喫茶店にやってきた編集者は、

「突風で女性のスカートがめくれて悲鳴を上げていましたよ。台風も悪くないですね」

と、ニコニコ笑顔で挨拶した。

こういうタイプには、

「この企画、どうだろう」

と率直に提案する。胸襟を開き、二人三脚で仕事をするつもりで接すれば、必ずそれに応えてくれる。企画がボツになっても、しかるべき方向性は見えてくるものだ。

一方、これは梅雨入りして間もなくのことだったが、某社の編集者は、

「毎日、イヤな雨ですねぇ」

会うなり顔をしかめて言った。

ネガティブな言葉で、雑談的挨拶をする人間には要注意！　ビジネス分野を問わず、説得すればするほど、その反作用として、「でも」「しかし」「だけど」になってしま

うのだ。

「この企画、どうだろう」

と提案すれば、

「ウーン、どうでしょう。読者のニーズがありますかね」

こういう反応になる。

こうしたタイプは、腹のなかでは「なるほど、そうかもしれないな」と納得していても、性分として石橋を叩《たた》くような応対をするため、必ずネガティブな言葉を発する。説得すればするほど、「でも」「しかし」「だけど」になるというわけだ。

さりとて、

「読者のニーズがありますかね」

「じゃ、やめよう」

とケツをまくるのも拙劣。相手は石橋を叩いているだけで、本心からそう言っているわけではないからだ。

「こいつ、ネガティブ野郎だな」と判断したら、提案でなく、質問で話を展開する。

「この企画、どうだろう」

と、イエス、ノーを相手に求めるのではなく、

「この企画を煮詰めたいのだが、あなたの意見を聞きたい」

と投げかける。

あるいは逆手を取って、

「この企画、どうだろう。読者のニーズがないかもしれないな」

と、あえてネガティブな言葉を先に投げかければ、相手は石橋を叩くため、ひょっとして売れるかも——と逆発想して、

「ウーン、どうでしょう。ニーズがないとは言えないんじゃないですか」

という展開になったりするのだ。

28 失敗談から入る人

会ってすぐに笑いを取ろうとする人がいる。

それも、失敗談を面白おかしく披露し、いかに自分がドジな人間であるかをアピールする。腹を抱えて笑おうものなら、こんなこともあった、あんなこともあったと、ウケ狙いの失敗談が二つ、三つ続く。

「上から目線」の尊大な態度の逆で、「下から目線」で迫ってくるタイプだ。

こういうタイプは、初対面であってもすぐに打ち解けるし、性格的にも悪い人間は少ないのだが、**平気で自分を卑下できるのは、相手に対する気づかいにも欠けるる**ということでもある。

だから、頼み事にも遠慮がない。**無防備でいると、面倒なことを背負うハメになる**ので注意したい。

たとえば、私がある雑誌の取材を受けたときのことだ。

私が指定した九段下のホテルのラウンジに若いフリーライターがやってきて、名刺を差し出すなり、

「うっかり大手町で降りるところでした」

と顔をしかめてみせた。

私が指定したのは九段下のホテルグランドパレスだが、彼はうっかりしていて大手町のパレスホテルと間違えそうになった——というわけだ。

「アホか」

と、リアクションする人はいない。

失敗談の披露に対しては笑ってあげることが〝人間関係の潤滑油〟であり、大人の態度。私がアッハハと笑顔で応じてあげながら、

「よく思いとどまったね」

と会話をつなげば、彼は待ってましたとばかり、

「いや、実は大手町でホームに降りたんですよ。で、歩きかけたときにハッと気づいて、飛び乗ろうとしたらドアが目の前で閉まっちゃいましてね。いやはや恥ずかしい

の何のって……」

気さくな青年である。

だが、相手が「下から目線」であるということは、相対的にこちらが「上から目線」になってしまう。

取材の合間に彼が口にする失敗談に対して、

「キミもドジだね。そういう場合は……」

と、いつの間にかアドバイスをする立場にされてしまう。

笑いを共有し、「上から目線」ということになれば、相手が無遠慮な頼み事をしてきても断りにくくなる。

案の定というか、取材が一段落したところで、

「サッカーに関するルポを本にしたいのですが、どうしたらいいでしょうか？」

と、この若いライターが相談してきた。

もし私が、彼がどんなタイプの人間であるか見抜いていなければ、

「いきなり出版社に持ち込んでも難しいだろうね。ツテを頼るんだね。その人から持

ち込んでもらえれば、編集者も原稿に目を通すはずだ」
そんなアドバイスをしただろう。
するとすかさず、
「ツテがないんです。お願いできませんか？」
という展開になっていったはずだ。
ものを頼まれるということが、どれだけ大変なことであるか、こういうタイプには
わからない。項の最初に記したように、ウケ狙いで自分の失敗談を平気でできる人間
は、相手への気づかいに欠けるからである。
このことが私はわかっているので、
「本にしたいのですが、どうしたらいいでしょうか？」
と投げかけられたとき、アドバイスらしき言葉は口にせず、
「どうなんだろう。僕にはよくわからないけど、出版社は実績のない人の本を出すの
は難しいんだろうね」
と当たり障りのない返事をしておいて、すかさず、

「ところで、さっき質問されたことだけど」

と、話題をガラリと変えたのだった。

もちろん、相手の面倒をみてやろうと思うなら、きちんとアドバイスをすればいい。

そうでないなら、これもまた、きちんと突っぱねることだ。

失敗談で笑いを取って親密になろうとするタイプは、実は意外にやっかいなのだ。

29 共通項探しをする人

相手と同窓であったり、出身地が同じであったり、趣味が同じであったりすると、それだけで親近感をおぼえる。**「共通項」があれば、初対面であっても、たちまち打ち解け、旧知のような関係になる。**

このことから、相手のフトコロに飛び込み、籠絡《ろうらく》しようと目論《もくろ》んでいる人間は、必ずと言っていいほど、会話は共通項を探すことから始める。

たとえばホストやホステスは、初回客のテーブルに着くと、話題をあちこち振りながら〝共通項探しのボーリング〟を始める。

「先週、映画行ってさ。映画好き?」

「あまり観《み》ないの」

「そう。ライブは?」

「行かない」

「わかった！　旅行、好きでしょう？」

「そうでもないわ」

「出身は東京？」

「広島」

「俺と一緒じゃん！」

「ウッソ！」

「俺、市内」

「私も」

「マジかよ！」

共通項の鉱脈を当てるや、ここぞとばかり掘り進んでいって、

「ボトル、入れちゃおうよ」

これで一丁上がりということになる。

だから、接客業の面々は客の趣味や出身地、血液型、職種、出身校、好きな食べ物、最近行った旅行地……等々、原油発掘のごとく、あちこちボーリングしながら自分と

客との共通項を探すというわけだ。

観光地でタクシーに乗ってみればわかるが、気の利《き》いた運転手は必ず、

「どちらから、いらしたんですか？」

と訊《き》いてくる。

「××県なんだ」

「ああ、そうですか。私の姪っ子が××県に住んでいるんですよ」

「へぇ、どこ？」

こんな調子で話が弾めば、降りるときに、

「オツリ、いいよ」

という可能性が大きくなる。

××県に共通項がなくても、「いいところですね。私も一度、行ってみたくて」とか何とか話題を引っ張れば、ここもまた「オツリ、いいよ」ということになるかもしれない。

ビジネスマンの会話も同じだ。

挨拶もそこそこに〝共通項探しのボーリング〟をしてくる相手は、あなたのフトコロに飛び込もうとしている場合が多い。**共通項で話が弾んだあとで難しい条件を出されると、あからさまなノーが言えなくなる**ので、気を引き締めることだ。

しかも有能な人間は、

「ご自宅はどちらですか？」

といった非常識な問いかけをすることはなく、たとえば、

「このあたりは学生時代、よく飲みに来ましてねぇ」

といった漠然とした振り方をする。

「学校、どちらですか？」

「Q大ですが、あなた様は？」

「私はZ大です」

「そうでしたか。Z大には私の親友がいて……」

こんな展開を狙ったりするのだ。

あるいは、

「素敵なお名刺ですね」

と、いきなり変化球を投げてくる人間もいる。

「そうですか」

「実は私の友人にデザイナーがいましてね。名刺のデザインがいちばん難しいと言うんです」

「ほう、どうしてですか？」

「名刺というのは、決まったサイズに決まった要素を入れる。変化のつけようがないため、デザインが難しいと言うんです」

「なるほど」

「このお名刺、どちらでおつくりになったんですか？」

と、話は弾んでいく。

私が編集企画会社をやっていた昔、この手をよく使ったものだ。

挨拶もそこそこに、笑みを浮かべて〝共通項探しのボーリング〟をしてくる相手は、したたかなのだ。

30 「ここだけの話ですが」に注意

会話をしていて、

「ここだけの話ですが……」

というセリフが相手の口から飛び出したら、私は頭のなかで警報が鳴る。

〝ここだけの話〟は、客観的なマル秘情報よりも、ウワサ話やそれに基づく推測、さらに誰それが陰でこう言っているといったことなど、「人」に関するものがほとんどで、話としては面白いが、

「なぜ私に〝ここだけの話〟をするのか」

「私にそれを話すことで相手にどんなメリットがあるのか」

と一歩突っ込んで考えてみると、判然としないことが多い。

〝ここだけの話〟をすることで親密な関係を築こうとする場合もあるだろうが、たいていはためにする話であったり、疑心の種を植えつけるものであったりする。

だから私は頭のなかで、

（要注意人物だぞ！）

と警報が鳴り響くわけだ。

そして、**〝ここだけの話〟をする人は、会話をリードしようという思いがある**ため、「ここだけの話ですが」が早い段階から出てくる。直接的な言葉でなくても、そんなニュアンスで話をする相手には、じゅうぶん心してかかることだ。

このことを身をもって体験したのは、週刊誌記者時代だ。

政治家や総会屋、ヤクザ、さらに芸能界などを取材すると、必ずと言っていいほど、〝ここだけの話〟と前振りしながらマル秘情報を囁《ささや》いてくる。

「××三区に古株のA代議士がいるだろう。産廃のB社といろいろあるらしいよ」

「C産業のハゲ社長、愛人がおるっちゅう話や。取材かけてみたらおもろいで」

「女優のD子、AVに出ていたって話だね。何が清純派だか」

眉《まゆ》にツバをつけながらも、

（ひょっとして）

というスケベ根性がよぎるもので、周辺取材をかけることになるが、週刊誌記者を動かすことによって、彼らは利益を得るのだ。

「週刊誌が身辺を洗っている」

というウワサを流されたため、古株のA代議士は打ち消しに追われ、あやうく落選しそうになった。

愛人疑惑をかけられたハゲ社長は、総会ゴロに噛《か》みつかれ、

「事実無根だ」

と突っぱねても、

「週刊誌が取材に動いてるじゃないか！」

と突きつけられ、

「事実かどうかよりも、そういうウワサが流れること自体、経営トップとして問題ではないか！」

と詰め寄られれば、返す言葉に窮するだろう。

ＡＶ疑惑を流された女優のＤ子は好奇の視線にさらされ、針のムシロとなる。

ビジネスマンも同じで、

「ここだけの話ですが、御社が取引されているE工業のG課長が、営業方針をめぐって部長とぶつかったそうです」

「えッ、本当ですか？」

「ウワサです」

と曖昧《あいまい》な返答であっても、疑心の種が植えつけられ、「まさか」「いや、あり得る」「課長は左遷か？」「担当が変わる……」と、疑心の種は次第に成長していくのだ。根も葉もないヨタ話であっても、〝ここだけの話〟には、それほどのパワーがある。

だから相手が、顔を寄せ、

「実は……」

と、ヒソヒソ話を始めたら、頭のなかで警報を鳴らすのだ。

第四章　「評価」を上げる技術

31
「夢」を語って相手を惹きつける

ここからは、「顔を合わせて五秒で相手をほぼ見抜ける」という第三章までを踏まえて、自分の印象をよくするためのテクニックについて語っていこう。

「彼、熱いね」というのは最大級の誉《ほ》め言葉である。

なぜなら、「仕事に対する姿勢」や「人生に対する姿勢」など、人格と情熱を評価したものであるからだ。仕事において、成果という客観的な事実がなくても、**熱く見られることによって、称賛が得られる**ことに注目していただきたい。

これに対して、「彼、冷めているね」というのは最大級の蔑《さげす》みである。

どんなに仕事で成果を上げようとも、「彼、冷めているね」というひと言で、人格の否定にさえなってしまう。実際は冷めているかどうかにかかわらず、冷めていると見られることによって、どんなに有能でも、人格を含めたトータルの評価は下がってしまうというわけだ。

私はかつて劇画の原作を手がけた時期もある。「熱い男」はビジネス劇画の主人公に不可欠の要素であり、「冷めた男」は、その対比として登場させる。それほどに「熱い男」は読者に指示される。言い換えれば、現実にあって「熱い男」が上司の評価を得るのは当然だろう。

では、熱く見られるにはどうすればよいか。

「夢」を語るのだ。

熱く、熱く、本気で夢を語ってみせるのだ。

たとえば売れっ子ホストは、必ずと言っていいほど女性客に夢を語る。

「将来は自分の飲食チェーン店を持つんだ」

「見ててよ、俺《おれ》、貿易関係の会社を立ち上げるんだ」

「独学で絵の勉強をしていてさ。画家を目指しているんだ」

夢はいろいろだが、客に熱く語ってみせ、最後は「ホストをやっているのは、そのための資金づくりなんだ」というところに話は落ち着く。

私が感心したのは、彼らが本気で夢を口にしていることだ。いや、本気かどうかはわからないが、少なくとも女性客には「本気」として伝わっている。

私が『ホストの実戦心理術』（ベストセラーズ）という本を書くとき、取材のためにツテを頼って、あちこちのホストクラブに顔を出したが、店で女性客の様子を観察していると、彼女たちの多くがホストの夢に耳を傾けつつ、

「頑張って！　応援するから」

と、期待と励ましのエールを送っていることに驚いた。

私は夢を肴《さかな》に盛り上がっているだけだと思っていたのだが、このとき〝**夢を語る力**〟というものを改めて見直したものだった。

ビジネスマンも同じだ。上司に引き上げてもらおうと思うなら、あるいは部下の人望を得ようと思うなら、夢を熱く語ることだ。

夢はなんだっていい。

「日本一の営業マンになります」

「会社を背負《しょ》って立つ人間になってみせます」

「夢は、一国一城の主《あるじ》です」

この言葉を、上司が、同僚が、部下が、取引先が耳にして、

「彼、熱いね」

と言えば、それが評判となって一人歩きしていくのである。

ポイントは、**熱く、そして本気で、繰り返し、語る**こと。

思いついたように口にするのがホラであり、大風呂敷。夢は、内容でもなければ、実現できるかどうかでもなく、「語る」という主体が評価されるのだ。

「仕事？　生活資金を稼ぐ手段ですよ」

「夢？　そんな青いこと言って、どうするんですか」

「ええ、どうせ自分は無能ですよ」

こんなセリフを吐《は》く人間を評価するだろうか。素晴らしいと思うだろうか。一緒に仕事をしてみたいと思うだろうか。

夢は実現せずともよい。結果よりも、夢を熱く語る――、その情熱に人は惹《ひ》かれるのだ。

32
メモ取りは対人関係のパフォーマンス

「メモを取れ」

と、私はことあるごとに書いたりしゃべったりする。

理由は二つ。

一つは、記憶違いや失念を防ぐ実務的なもの。もう一つは、**相手の信頼感を得るためのパフォーマンス**だ。対人関係において重要なのは、後者。相手が上司やクライアントなど上下関係にある場合は、メモを取るのは必須のパフォーマンスだと肝に銘じることだ。

メモを取るパフォーマンスがどれだけ重要で、対人関係に影響を及ぼすものであるか、具体例を挙げて説明しよう。

私がベンチャー企業社長の自伝出版について協力することになり、当の社長を会社に訪ねて打ち合わせをしていたときのことだ。

必要資料を告げると、社長が総務課長を呼びつけ、

「必要な資料が何点かあるので用意してくれ。まず、わが社の沿革、創業時からの売上げの推移、それから、社風とそれにまつわるエピソード、それから……、おい、わかっているのか！」

社長が声を荒らげたのである。

小さくうなずくだけの総務課長の態度に、真剣さが感じられなかったものと、私は推察した。総務課長としては、数点の資料であれば、わざわざメモを取るまでもないと思ったのだろう。そうであれば、「資料を用意する」という実務について支障はまったくない。総務課長の失敗は、テンションの低さである。

社長にしてみれば、自分より総務課長のテンションが低いことが不満なのだ。

「おい、俺の自伝だぞ！」

と、口には出さないものの、総務課長のテンションの低い態度が気に入らなかったのである。

「必要な資料が何点かあるので、用意してくれ」

と、社長が告げると同時に、

「ちょっとお待ちください」

と言って、素早くメモ帳を構えるパフォーマンスをするべきだった――と私は、狼《ろう》狽《ばい》する総務課長を見やりながら、このとき思ったものだった。

私が取材を受けるときもそうだ。話を聞きながら熱心にメモを取り、

「いまのお話、もう少し詳しくお願いします」

と身を乗り出されるのは、決して悪い気分ではないのだ。

ただし、メモを取るときに注意すべきは、「言行一致」を心がけること。どういうことかというと、**「相づち」と「メモを取る手」を連動させる**のだ。

きっと私も若かった週刊誌記者時代がそうだったと思うが、私を取材するライターのなかには、

「ほう！」

「そうでしたか！」

「なるほど！」

と感心してみせながら、その実、メモを取る手が止まっていることがある。手が止まっているというのは、「この話は不要」ということであり、《感心の相づち》とのギャップにシラケてしまうというわけである。

また、ある企業の広報マンは打ち合わせの最中、熱心にメモを取っていて、最後にそのメモを私に手渡してくれた。見ると、カーボン式になっていた。親切のつもりなのだろうが、「打ち合わせの内容は、これこのとおりですよ」と供述調書を見せられたような気分になったものだ。

メモ取りを対人関係のパフォーマンスと考えるなら、それなりの工夫と、相手の心理を洞察することが大事なのだ。

33 目上の人に食事に誘われたとき

「来週あたり、メシでもどうだ」

　上司に誘われて、

「それが来週はバタバタしているので、もうちょっと先にしていただけませんか」

と答えるようでは人間関係を壊してしまう。

目上の人間は、相手にも都合があることは頭ではわかっていても、「ありがとうございます！」という嬉々《きき》とした返事を期待するものだ。身勝手と言ってはいけない。

それが人間の感情というものなのである。

「なんだ、忙しいのか」

「ええ。再来週でしたら何とか」

「また今度にしよう」

ということになり、「今度」はまずやってこない、と思っていいだろう。

酒席に誘うということは、目をかけているからだ。少なくとも好ましく思っていることは確かなだけに、「ちょっとバタバタして」とつれない返事をされると、可愛《かわい》さ余って、ついムッとしてしまうというわけだ。

返事は、単なる言葉のキャッチボールだと思ったら大間違い。**返事の仕方によって嫌われもすれば、評価もされる**のだ。

まず、タブーの返事から紹介しよう。

私が若手ライターを飲みに誘ったときのことだ。知り合って日が浅いこともあり、一度、仕事熱心な彼とゆっくり話をしてみたかったのだ。

「今週の金曜日、時間があるかい？」

私が言うと、

「何か？」

という返事が返ってきた。

「時間があるか」という問いかけに対しては「ある」「ない」で答えるべきであって、「何か？」という返事はあり得ない。

なぜ、そう答えたのか魂胆はわかっている。何の用件かを先に訊《き》いて、それによって返答をしようというわけだ。迷惑をこうむるような用件であれば、「それが取材の予定が入っていて」とでも答え、自分にプラスになるような用件であれば、「空《あ》いてます！」という返事をするつもりだろう。

私はいっぺんに興ざめして、

「いや、いいんだ」

と言葉を濁して別れたのだった。以後、彼には一度も仕事の依頼はしていない。

あるいは、こんな光景を目にしたことがある。

指命ホストのＡ氏が、

「今度、飲みに行こうか」

と、新人ヘルプのＢ君を食事に誘ったときのことだ。

「ありがとうございます！」

Ｂ君が喜んだので、Ａ氏が気をよくして、

「来週の木曜日は？」

と訊いたところが、

「いまのところ大丈夫です」

屈託のない笑顔で言ったのである。

A氏はムッとした顔をすると、眉間《みけん》にシワを寄せて、

「いまのところ大丈夫ってのは、大丈夫じゃなくなることもあるってことかい？」

「い、いえ、そういうわけじゃ……」

「おまえ、俺のヘルプを外れろや」

「そ、そんな」

唖然《あぜん》とするB君に見向きもせず、A氏は席を立つと店から出ていったのである。

B君に悪気はなかったろうが、「いまのところ」という不用意な一語が、A氏の機嫌を損ねたのである。

目上に可愛がられる人間は、誘われると、まず喜色を満面に浮かべる。

「来週あたり、メシでもどうだ」

「ありがとうございます！」

と弾む声で応え、

「部長と一度、ゆっくりお話をさせていただきたかったんです」

と、いかに自分が喜んでいるかをアピールする。そのうえで、

「せっかくの機会に、私からこんなことを言うのは誠に申し訳ないんですが、仕事の都合もあって、もう少し先にしていただければありがたいのですが……」

恐縮してみせ、

「ご都合が悪いようでしたら、来週、馳《は》せ参じます」

と、リアクションする。ここまで誠意を見せれば、目上はじゅうぶん満足し、

「わかった。再来週あたりで都合のいい日を言ってくれ」

ということになるのだ。

目上の人の誘いには、どれだけ自分が喜んでいるかをアピールすることがポイントになるのだ。

34 約束の時間に遅れそうになったとき

約束の時間に遅刻する人間は、確実に信用を落とす。

余裕をみて出発すればいいだけのことで、その気になりさえすれば遅れることは絶対にないからだ。相手が部下や後輩であればまだしも、上司やクライアントとなれば、これからの仕事に影響してくるだろう。

だが、そうとわかっていても、約束の時間に遅れそうになることはある。

出かける間際に仕事のことで電話がかかり、応対しているうちに、

「あッ、ヤバ！」

ということは、誰しも経験があるだろう。

前もって道順をインターネットでチェックしておいても、そこに行くまでの時間を読み違えることもあれば、途中で道に迷うことも、場所を勘違いすることもある。

かつて私がA銀行に取材を申し込んだときのことだ。

早めに近所まで行って喫茶店で時間をつぶし、約束の時間ちょうどに訪ねたところが、

「あのう、当行はB銀行でございますが……」

と、受付嬢が当惑したことがある。

某駅前にある銀行がA銀行だと、私は思い込んでいたのだ。

あわててA銀行広報に電話して、

「十五分ほど遅れます」

と告げたのだった。

ウソみたいなホントの話だが、本題はそのことではなく、「十五分ほど遅れる」という言い方である。

B銀行とA銀行は近くにあり、タクシーで五分ほどの距離なので、私は「五分ほど遅れます」と告げるつもりでいたのだが、相手が電話に出たとたん、咄嗟《とっさ》に「十五分」と口にしていた。

十五分遅れるところを、五分遅れで到着すれば、

（おっ、思ったより早く来たな）

と相手は思うのではないか――という思いがよぎったのである。

実際、そうなった。

「お早いですね」

と、広報担当者は笑顔で迎えてくれたのである。

誰しも時間に遅れそうになると、できるだけ過小申告しようとする。

十分ほど遅れそうなときは、

「あと五分か十分で着きます！」

と、こんな言い方をする。

ところが過少申告だから当然、告げた以上の時間がかかることになり、相手は余計イラつき、

（まったく、しょうがないな）

と評価を落とすのである。

遅れそうになったら、それ以上の時間を告げるのだ。

五分遅れそうなら十五分と告げる。十分ほど遅れると思ったら二十分と告げておいて、あたふたと駆けつけてみせれば、

「おや、早いじゃないか」

ということになり、遅刻は不問になるだけでなく、評価を上げることになったりもするのだ。

35 「正しい言い訳」をする

「言い訳」をする人間は嫌われる——。

このことは経験で誰しも承知していることだが、では、なぜ言い訳は嫌われるのだろうか。

結論から言えば、**言い訳は「私は悪くない」という居直り**であるからだ。

たとえば、商談でライバル会社に負けたとする。

「申し訳ありません」

と謝ったあとで、

「結局、最後は見積もりで負けました」

と言い訳をしたなら、その意味するところは「私は最善を尽くしましたが、見積もりで負けたのだからどうしようもありません。私は悪くない」という居直りになってしまう。これに上司はカチンとくる。

なぜなら、理由はどうあれ、商談に失敗したのは力量不足であり、上司はそのことに対して真摯《しんし》な反省を求めるものであるからだ。

あるいは、上司やクライアントと約束していて時間に遅れたとする。

「申し訳ありません」

と謝るのはいいとしても、

「早く社を出たんですが、渋滞につかまってしまって」

と、言い訳をしたならば、その意味するところは「悪いのは渋滞であって、私ではない」という居直りになる。

「そうか、おまえが悪くないのなら、ボケッと待っていた俺はマヌケということになるのか」

と、相手は口には出さないものの、そんな腹立たしい思いになる。

商談の失敗も、約束の時間に遅れたことも、きっちり言い訳をしておかなければ、「無能」の烙印《らくいん》を押されたり、だらしないと思われたりする。だが、言い訳は相手を不快にする。

もうおわかりだろう。失敗やドジは、そのこと自体ではなく、そのあとに続く**言い訳の言葉によって、相手は腹も立てれば、笑顔で受け流しもする**――ということなのだ。

渋滞で待ち合わせに遅れたら、渋滞のせいにするのではなく、

「渋滞を勘案して早めに出たのですが、私の計算が甘かったようです。以後、気をつけます」

と言って謝ればよい。「渋滞で遅れた」という自己主張をしっかりとしながら、「私の計算が甘かった」と誠意をもって反省し、「以後、気をつけます」とすれば、上司は叱《しか》る理由がなくなってしまうというわけだ。

商談に負けたら、

「見積もりで負けました。私の読みが甘かったんです。以後、気をつけます」

という言い方をすればよい。**「理由」＋「反省」＋「決意」――という三段論法**で展開するのが「正しい言い訳」なのである。

36 相手の「家族の話題」を記憶して親密感を演出する

手紙や礼状を受け取って、
(この人、気配りできるんだな)
と思うのは、末尾の一文である。
《末筆ながら奥様に宜《よろ》しくお伝え願えれば幸甚です》
といったことが書き添えてあると、気持ちがなごむ。
「おい、××さんが、おまえによろしく伝えてくれ、だってさ」
とカミさんに声をかけ、
「あら、そう」
カミさんも悪い気はしない。
かくして差出人の評価は上がることになる。
少なくとも、末尾の一文がない人にくらべて、評価が上がることだけは確かだ。

文中で触れるのはカミさんのことでなくてもかまわない。子供のことだっていいし、ペットのことだってかまわない。

キーワードは「家族」。

相手の家族に対して一文付記することは、相手の心をなごませ、その結果、「彼、なかなかいいね」という評価につながるというわけだ。

手紙の一文にこれだけの効果があるなら、面と向かって言葉に出せばなおさら、である。手紙は書きっぱなしの〝一方通行〟だが、顔を合わせた場合は、相手の返答に応じて話題を引っ張ったり、言葉を足したりすることができるからだ。

知人である某県の市議会議員は、親しく話をした市民について、その人の家族情報をデータ化し、補足し、更新している。

そうした情報のすべてを記憶することはできないので、たとえば、その日に開かれる会合で顔を合わすだろう人を一人ひとり検索し、さっと目を通していって、

「お嬢さん、大学生活には慣れましたか？」

「その後、奥さんのケガはどうですか？」

と言って声をかけるのだ。

たった、このひと言で、

「おっ、この先生はそんなことまで憶《おぼ》えてくれているんだ」

と、たちまち顔に喜色が浮かんでくる――と、当の市議会議員は言う。

銀座ホステスもそうだ。顧客名簿をつくっているのは常識で、一流ともなれば、努力して暗記しなくとも、記すだけで脳に焼きつくように憶えてしまうという。

あるいは、人望家として聞こえる某ヤクザ親分は、ふと思い出したように、

「たしか、子供は小学校に上がるんじゃなかったか？」

と若い衆に声をかけ、痺《しび》れるほどに感激させている。

会社の上司や、ふだん接する目上の人の顔を思い浮かべてほしい。

仕事の指示や小言ばかりの人と、何かの拍子に「奥さん、具合はどうだ？」と、家族のことを気にかけてくれる人と、どっちに心酔するだろうか。

これは、立場が逆になっても同じだ。

上司や目上の人に、

「奥さん、具合はいかがですか？」

と、問いかけるだけで喜ばれ、それを口にした人の評価は上がるものなのである。

故田中角栄元首相といえば、「人心収攬術《じんしんしゅうらんじゅつ》の達人」と称されるが、その手法の一つが、**相手に関することを記憶し、それを当人の前で口に出す**——というものだった。

努力も、もちろんしている。

角栄は夜の九時くらいから寝て、深夜十二時に起きると、『国会便覧』や『政官要覧』で、政治家や官僚に関するデータを頭に叩《たた》き込んでいく。学歴や経歴はもちろん、調査ファイルをもとに趣味から干支《えと》からゴルフのハンデまで、あらゆるデータを暗記していく。そして三時に再び就寝、二時間後の五時に再び起きる。ここまでの努力をして初めて、人の心はつかめるということなのだ。

「奥様のママさんバレーはいかがですか？」

「おっ、よく憶えているね。熱心なんてもんじゃなくて……」

上司は笑顔で話し出すだろう。

「どうだい、娘の塾は？」

「は、はい！」

と部下は目を丸くして、

「勉強が好きみたいで……」

親バカぶりを発揮しながら、子供のことを憶えていて話題に出してくれたことに部下は感激するのだ。

37 プライベートを小出しにしてコミュニケーションを取る

主観的評価は、客観的評価に勝る――。

これが、評価の本質だ。

自分の評価を上げたいなら、まずこのことを肝に銘じるべきだ。

具体例で説明しよう。広告代理店営業部に、好対照の若手営業マンがいた。

A君は成績優秀で、そのせいか上司や先輩に対して尊大な態度を取ってしまう。本人はそうは思っていないのだろうが、周囲にはそう見えてしまう。だから、

「有能だってことは認めるけど、でもねぇ」

と、トータルの評価ではネガティブなものになってしまう。

一方、B君は、成績はイマイチだが、性格が明朗で、彼のまわりには笑いが絶えない。雑用を頼んでもイヤな顔ひとつ見せず、「人が先、自分は後」といったタイプでもあるため、周囲のウケもよく、

「B君、いいねぇ」

と、トータルの評価ではA君をしのぐ。

ちょうどそのころ、欧米の広告業界を視察する研修メンバーの人選が行われたのだが、抜擢《ばってき》されたのはB君であった。

「Aのほうがいいんじゃないか？」

と訝《いぶか》る上層部に対して、営業部長は、

「いま現在の成績を比較すればA君のほうが勝っていますが、将来性ということを考えればB君かと思います」

要するに営業部長は、B君のことが人間的に好きだったのである。

当時、編集企画会社をやっていた私は同社と仕事をしており、この話を直接、営業部長から聞いたのだが、**スキルに明確な差がなければ、「好かれる人間」が上司に引き上げられる**——というのが、日本の企業風土であることを再認識したのだった。

これは、社会のウラとオモテを問わない〝普遍の真理〟だ。

もう一例、ウラ社会の例を挙げよう。

某組織の若い衆に、ヤクザとして申し分のないQ君という若者がいた。度胸がある。ケンカも強いし、掛け合い（談判）もうまい。ミカジメ（用心棒代）は違法行為になっているが、Q君は風俗店をやんわりと脅して、きっちりミカジメを取ってくる。

「いずれ、組を背負《しょ》って立つ若者ですね」

と、私は組幹部に言ったものだが、Q君はそれから一年もしないうちに破門になってしまった。

「野郎、債権取り立てでヘタ打ってさ」

としか幹部は言わなかったが、次のひと言で納得した。

「切れる刃物は重宝だが、切れすぎるのはヤバイやね」

言葉の端々から、Q君は有能であるがゆえに上の人間から警戒され、外へ弾き出されたものと推測した。

一方、何をやらせても鈍《どん》くさく、

「おめぇは首領《ドン》じゃなく、鈍《ドン》だな」

と、からかわれていた若者のZ君が同じ組にいたが、彼はみんなに可愛《かわい》がられ、やがて上の人間の〝引き〟で出世していく。

どんなに優秀であっても、周囲や上の人間に好かれなければ、「優秀であることが時にマイナスに働く」ということであり、反対に「あいつ、可愛いところがあるじゃないか」と好感を抱かれる人間は、能力に多少劣っていても出世していく。

「主観的評価は、客観的評価に勝る」とは、まさにこのことであり、**人間関係が人生を決める**——ということにおいて、社会のウラもオモテも同じなのである。

それでは、主観的評価——すなわち、上の人間に好かれるにはどうしたらいいか。

立場や職種に応じて違ってくるが、ただ一つ、共通した方法があるので、それを紹介しておく。ひと言で言えば、「**プライベートを明かす**」ということだ。

先の広告代理店営業マンのB君や、ヤクザのZ君がそうしたかどうか私にはわからないが、彼らの上司は、彼らの私生活について知っていたので、おそらく折に触れてプライベートなことを明かしていたのだろう。これは推測である。

プライベートなことは、聞いた上司が負担になるようなヘビーなものは避け、

「子供が幼稚園に入ったんですが、幼児教育を始めたほうがいいもんですかね」

といった雑談程度の軽いものがいい。

ポイントは「子供が幼稚園に入った」というような個人情報の開示であり、「あなただから知らせるんです」――という言外のメッセージにある。

「いずれ田舎の両親をどうするか、そろそろ考えなくちゃならないかなって、このごろ思ったりするんですよ。同居もいろいろ問題があるでしょうけど」

こんな話題も、ポイントは「田舎で両親は健在」「同居について頭を悩ましている」という情報開示であって、「どうしたらいいか」と具体的なアドバイスを求めているわけではない。

だから相手も雑談の気軽さで聞き流しつつ、自分にプライベートなことを明かしてくれたことに自己満足し、

(こいつ、結構いいところがあるじゃないか)

となる。

このことは、逆を考えてみればわかる。

「おい、結婚するんだってな」

「はい、来月」

「そうか、おめでとう」

祝福の言葉を述べつつも、事前に知らされなかった上司としては面白くないはずだ。だから上司には、酒席などで一緒になったときなど、ほんの少しだけでいいからプライベートなことを明かしておくのだ。

こいつ、結構いいところがあるじゃないか
結婚するんです
子供ができました
etc……

第五章　「対面力」を強くする技術

38 会話の主導権を握る

会話において、いかに主導権を握るか――。

これを「対面力」と言い、基本は会話の先手を取ることだ。

「おまえはバカだ」

と言えば、

「なんだと！」

相手は目を剥《む》いて怒る。

「ご高名は、つとにうかがっております」

ニッコリ笑顔で言えば、

「高名だなんて、とんでもございません」

相手は謙遜《けんそん》の笑顔で応じる。

「雨が続いてイヤですね」

と不快な顔をすれば、

「まったくですな」

相手も顔をしかめるだろう。

会話は、口火を切った人間の話題と雰囲気で進行していく——ということであり、相手を自分のペースに引き込もうとするなら、先手を取って会話の口火を切ればいい。

これを「会話の先《せん》を取る」と言い、相手の鼻ヅラを引きまわすことで交渉を有利に運ぶときに用いる。

たとえば、債権の取り立て。

相手方に乗り込み、

「カネ返せ！」

と迫るのは二流。相手にしてみれば予期した展開であるため、

「それが、入金予定が狂ってしまって……」

ひたすら頭を下げて逃れようとする。

一流は違う。

「邪魔するぜ」

笑顔で口火を切る。

「どうも」

債務者が強張《こわば》った笑顔を返す。笑う場面ではないが、口火を切った相手の雰囲気に合わせるのが人間心理だ。

「どうかしたのか？」

「えッ？」

「目が充血してるぜ」

「そ、そうですか？」

「血圧は？」

「いえ、特には……」

「返済期日だぜ」

「そ、それなんですが、もうちょっと待っていただけないでしょうか……」

「わかった。で、今日はいくら入れるんだ」

「……十万ほど」

笑顔、目の充血、血圧、返済期日と、矢継ぎ早に話題を転換することで会話の主導権を握り、相手の鼻ヅラを引きまわす。債務者にしてみれば、ひたすら返済猶予で押し切るつもりでいたのだろうが、取り立てのペースにハマってしまうというわけだ。

もう一例挙げよう。

週刊誌記者時代、私がよく使った直撃インタビューのテクニックの一つである。

「徹夜されたんですか？」

「いえ」

「目が赤いですよ」

「えッ？　そうですか」

「目薬は？」

「持っていますけど」

「離婚されるんですってね」

不意を衝《つ》かれた女優さんはハッと息を呑《の》み、しどろもどろになる。

39 頼み事は「日常から離れた場所」を選ぶ

親近感は、日常の場所から離れる距離に比例する——。

これが、私の持論だ。

近隣の住人で顔見知り程度の人であっても、他府県の観光地でバッタリ出会えば親近感は一気に増す。これが海外ともなれば、なおさらだ。

私は、フィットネスクラブでたまに顔を見かける青年と、ブラジルのサンパウロ市の旅行会社で偶然出会ったことがある。

「あッ！」

お互いが感嘆の声を上げ、名前も知らなかった青年といっぺんに仲よくなり、その夜は一緒に飲み歩いた。

あるいは取材で訪れた熊本市の商店街で、顔見知りの週刊誌記者とすれ違ったことがある。

「あッ！」と、このときも双方が感嘆の声を上げて立ち止まった。

彼の郷里が熊本で、友人の結婚式で帰省しているということだった。彼とはたまに取材先などで一緒になるくらいで、顔を知っている程度にすぎなかったが、これを機に仲よくなった。

親近感は、日常の場所から離れる距離に比例する——とは、こういうことなのである。上司やクライアントとの関係についても、同じことが言える。

会社などオフィシャルな場所で顔を合わせるのと、通勤途中で一緒になるのとでは親近感の度合いがまるっきり違ってくる。遠隔地の、たとえば観光地などでバッタリ出会ったとなればなおさらで、人間関係の距離は一気に縮まる。

つまり、上司やクライアントと親密な関係を築いたり、ここ一番の頼み事をしたりするときは、**「日常から離れた場所」を選ぶほうが成功の確率は高い**——ということになる。

「課長、こんな企画を考えているんですが……」

と課長席に行って告げれば、課長は「上司の立場」として身構える。

ところが通勤途上、たとえば最寄りの駅から会社まで歩く道すがら、

「こんな企画を考えているんですが……」

と、雑談風に口にすれば、上司は会社で聞くほどに身構えないもので、

「じゃ、企画書にしてみてよ」

といった程度のことは言ってくれるだろう。

これが休暇で遊びに出かけたリゾート地でバッタリ出会ったとなれば、上司はもっと胸襟を開くはずだ。

以上のことから、いつ、どこで上司やクライアントに切り出すか、こうした計算もまた、「対面力」の一つなのである。

私は週刊誌記者時代、人物クローズアップ記事など、会ってじっくり話を聞く場合、相手が講演やコンサートなど地方にいるタイミングを狙って取材のアポイントを入れた。都内より、地方でイタンビューするほうが親近感が増し、内容の濃い話が聞けるからで、実際、そうだった。

これは私の推測だが、

（わざわざ遠隔地まで来てくれた）

という思いが相手にあり、それが無意識のサービスとして受け答えに現れるのだろう。このことは、私が取材を受ける側になって、よくわかる。

千葉にある拙宅や仕事場にわざわざ来てくれるとなれば、「何かいい話をしてあげなくては」という思いにかられるのだ。

知人の広告代理店営業マンは、クライアントの休暇予定と滞在先をそれとなく調べておいて、日程を合わせて出向く。

最重要のクライアントが夏休暇でハワイに行ったとき、彼は二日ほど遅れてハワイに入ると、

「いまホノルルにいます。御社にご連絡を差し上げたら、休暇でこちらにいらしているとお聞きしたものですから」

と電話を入れ、ディナーを一緒している。

親近感は、日常の場所から離れる距離に比例する——という心理を熟知してのアプローチである。

「そこまでやるか」

と言ってはいけない。

そこまでやってこその「対面力」なのだ。

40 不意を衝かれたときの対応

ウラ社会やグレーゾーンの面々を取材していると、無理難題を吹っかけられることがある。

「組長《オヤジ》の半生、本にならんやろか」

と幹部氏に打診されたり、

「社長の愛人のことも書いてよ」

と事件屋氏に頼まれたり、難しいことを平気で言ってくる。

組長も全国区の著名人ならともかく、地方の無名親分では、本になどなりようがないし、社長の愛人にしても、ヘタすりゃ、恐喝の片棒を担がされることになる。

だが、その場で即座に、

「無理ですよ」

と告げたのでは愛想がない。

「そんなこと言わんと、ちょっとは努力してみたらどや」

と相手に不満が残るため、今後は取材協力が得にくくなる。

うまくいくかどうかよりも、**申し出に対してきちんと対応してくれるかどうか――**、ここが彼らにとってメンツが絡む関心事なのだ。

さりとて、

「じゃ、何社か打診してみましょう」

と漠然とした言い方をしたのでは、本気度に欠け、相手はおざなりの返事だと思ってしまうだろう。やはり気分を害する。

そこで、私はこんな言い方をする。

「わかりました。一週間、時間をください」

キッパリと言ってから、

「ただし、このご時世ですから、かなり難しいテーマだと思いますので、うまくいかなかった場合はご容赦ください」

と保険をかけておく。

「一週間、時間をください」と**日数を区切る**ところがポイントで、相手は「この人、本気で動いてくれる」と思う。少なくとも、頼んだ側のメンツは立つ。

そして、きっちり一週間後、

「三社ほど当たってみましたが、なかなか難しくて色よい返事はもらえませんでした。力及ばず申し訳ありません」

と電話で伝えれば、

「もっと、ほかを当たっててんか」

という人はいないもので、

「そら、相手のあることやから、しゃあない。ありがとさん」

と、一件落着ということになる。

ビジネスマンも、打ち合わせのなかで、無理なことを頼まれたり、予期せぬ条件を持ち出されることがある。

「それは無理です」

と言下に断ったり否定したりすれば、

「もう少し検討していただけませんか」

と相手は不満に思うだろうし、

「その件に関しましては、持ち帰って上司に諮《はか》ったうえでお返事を差し上げたいと思います」

とかわせば、「この男、ただの使い走りか」と軽く見られてしまい、今後の関係に支障をきたすことになる。

こんなときは、

「三日待ってください」

「一週間、お時間をちょうだいできますか」

と、自信に満ちた態度でキッパリ告げるのだ。

社に持ち帰って検討することは同じであっても、**期日を切ってみせる、その毅然たる態度に、相手は信頼を寄せる。**これもまた「対面力」の一つなのである。

41 相談されたらアドバイスより「相づち」

他人から相談をされるのは、決して悪い気分ではない。

自尊心がくすぐられ、

（俺《おれ》もまんざらじゃないな）

と、気をよくしたりもするだろう。だが、この「相談」というやつは、調子に乗ってペラペラ助言していると、とんでもない重荷を背負うことになる。

相談には乗ってはいけないのだ。**相談されたときは、親身になって話を聞き、「相づち」だけを打つ。**私自身、調子に乗ってアドバイスをし、ヤケドしたことが何度もある。その経験から言えば、相談事に対しては〝いなす〟ということもまた「対面力」の一つなのだ。

あれは私が保護司を拝命した直後のことだから、十五年前、五十歳のときだ。ある縁で、不良息子に悩んでいる両親と知り合い、相談を受けた。

息子は二十代半ばで、アパートを借りて女と同棲しているのだが、仕事を転々とするため経済的に苦しく、お金を無心にやってくるのだという。両親は家のローンがあり、とても息子の援助はできない。「ついては、どうしたらいいでしょうか？」という相談だった。

「断りなさい」

私は即座に言った。

「大丈夫でしょうか？」

両親が不安そうな顔を見せたので、

「その弱気な態度が息子さんをつけ上がらせるのです。毅然たる態度を見せれば、もう無心しなくなりますよ」

自信を持ってアドバイスをしたところが、十日後、両親が青い顔をして拙宅にやってきた。

勇気を振るい、毅然たる態度で無心を断ったところが、息子さんが頭にきて大暴れし、椅子《いす》を振り上げてテレビや家具をブッ壊したのだという。結局、十万円を握らせるように息子さんに押しつけ、ようやくおさまったそうで、「あなたが毅然たる態度を取れと言ったからだ」——と、恨めしそうに私を見る目が語っていた。

「じゃ、息子さんが暴れたら一一〇番しなさい」

なおも私は強気でアドバイスをした。

両親はそれを実行し、警官が駆けつければその場はおさまるのだが、いわば〝親子ゲンカ〟であり、親子ゲンカに警察は介入しない。結局、脅迫的な無心は続いたのである。

私がショックだったのは、

「あなたが毅然と断れとか、パトカーを呼べと言うから、セガレはますます、いきりたったんです」

と言われたことだった。深刻な相談であればあるほど、アドバイスは相応の責任がかかってくる——ということなのである。

この顚末《てんまつ》を、懇意にしていた占いの大家に話すと、相談事は親身になって話を聞き、「相づち」だけを打つのが対人関係の基本である——と教えてくれた。

すなわち、

「**相談事の解答は当事者が持っている**んだね。グチをこぼすのと同じで、本当はアドバイスなんか求めてはいないんだけど、そうは言えないものだから、〝どうしたらいいでしょうか？〟と相談の形を取るんだね」

と、大家は解説してくれた。

この心理を知らない人はアトバイスしようとする。アドバイスをすることが親切だと錯覚している。その親切心がアダになり、「あなたが言ったとおりにしたら……」とケツを持ってこられ、批難されるのだ。

「セガレが無心にやってくるんです」

「それはお困りでしょう」

「家のローンもありますので、とても援助はできません」

「よくわかります」

「どうしたらいいでしょうか？」

「難しい問題ですね」

「思い切って、断ってみようかと思っているんですが……」

「なるほど」

解答は当事者自身が持っているため、相談事には親身になって耳を傾け、「相づち」を打つだけで相手は感激する。

ここが文書による相談事と違うところで、対面相談の極意である——と、これまで何千人もの相談に乗ってきた占いの大家は言うのだ。

それは困りましたね
どうしたら、いいでしょう……

42

会話は「壁打ちテニス」

会話をテニスのラリーに見立てる人がいる。

これまで「会話はキャッチボール」と言われてきたが、それではのんびりしすぎのイメージがあり、

「小気味よいテニスのラリーのごとくあれ」

というわけだ。

私も、そう思う。これまで、ラリーやキャッチボールの視点で会話本も書いてきたし、その視点はいまも変わらない。だが、会話を苦手とする人の話をよくよく聞いてみて、ある共通点に気がついた。

それは、**相手が話したことに対して、気のきいたことを言い返さなければならない**——と強迫観念にとらわれていることである。

その原因は「テニスのラリーのごとくあれ」という考え方にある。相手の打ち込み

に対して、錦織圭《にしこりけい》選手のごとく見事に打ち返してこそ会話は弾む、というわけだ。

「交渉」という〝会話による試合〟を別にすれば、ラリーが続いてこそ楽しいもので、相手の打ち込みに対して空振りしたり、ネットに引っかけたりすれば、一打ごとに中断ということになる。

「この不景気で、弊社も業績が厳しいんですよ」

「ボーナス、出るんですか？」

「はッ？」

こんな球を打ち返したのではラリーにならず、「対面力」はゼロどころか、マイナスになってしまうだろう。

会話を苦手とする人は、会話をテニスの試合に見立ててはいけない。勝とうとするのではなく、壁打ちテニスの〝壁〟に徹する。この壁が「相づち」という「対面力」になるのだ。

「壁打ちテニスで相手は楽しいのか？」

と首を傾げるのは間違っている。「**会話上手は聞き上手**」と言われるが、聞き上手の人は例外なく、相手が話しやすいように壁打ちテニスの〝壁〟になり、うまく相づちを打っているのだ。

たとえば、広告代理店の連中と飲みに行ったときのことだ。

「アジアの隣国と言うが、隣国であるがゆえにツノを突き合わせるということかもしれんな」

部長氏が言うと、

「なるほど、隣国であるがゆえにですか」

と、人望家で知られる課長氏が〝壁〟になって球をハネ返す。

「うん。住まいだってそうだろう。騒音や境界線など、トラブルは近隣と起こるもので、隣町の住人とは起こらない」

「たしかに、おっしゃるとおりですね。隣町の住人とはトラブルは起こりません」

「だから」

と部長氏は気持ちよく話し、会話は弾んでいくのだった。

注意すべきは、〝壁〟に徹して、**相手が打ち込んだ球をそのまま返す**ことだ。

強く打ち込まれたら「なるほど！」と感嘆し、声をひそめたら「なるほど」と声を落とし、詠嘆調には「なるほど、そうですか……」と詠嘆調にするのがポイント。

「隣国であるがゆえにツノを突き合わせるということかもしれんな」

得意になって言った言葉に対して、「なるほど」と声を落として返せば、

「異を唱えるのかね」

部長氏は眉間《みけん》にシワを寄せることだろう。

ヨイショのつもりで補足するのも厳禁で、

「なるほど、部長のおっしゃることは〝遠交近攻〟に通じるものがありますね。遠きと交わり近きを攻める――。兵法三十六計の第二十三計ですか」

とペラペラやったのでは、知識をひけらかしているように受け取られ、やはり気分を害してしまうものなのだ。

また、〝ヨイショの勇み足〟というものがあって、

「隣国であるがゆえにツノを突き合わせるということかもしれんな」

と言ったことに対して、

「そうなんですよね」

と賛意を口にするのは、相手が気を悪くすることがあるので要注意！

「そうなんですよね」というのは、当人にしてみればヨイショのつもりかもしれないが、その意味するところは「言われるまでもなく、私もかねてより、そう思っています」ということになり、部長氏にしてみれば、せっかく気のきいたことを言ったつもりでいても、何となく色あせてしまうのである。

だから余計なことは言わずに、〝壁〟に徹して、そのまま打ち返せばいいのだ。

漫才コンビでは、相づちのことを「合いの手」と言うが、どんなツッコミも「合いの手」があって初めて活《い》きてくる。いや、余計なことを言わない「合いの手」だから、ツッコミ役はペラペラとしゃべることができるのだ。

私たちも同様で、**会話に自信があればテニスのラリーで、苦手だと思うなら壁打ちテニスで相手する。**これも立派すぎるくらいの「対面力」になるのだ。

43 「沈黙」という攻め

「対面力」は、しゃべるばかりが攻めではない。しゃべらない——すなわち、〝沈黙〟も強力な「対面力」になることを知っておくべきだ。

たいてい、**会話の口火は立場が弱いほうから切る。**前項で解説したように、「会話の先《せん》を取る」など明確な意図を持っている場合は別として、精神的に気圧《けお》されている側が先に口を開く。

たとえば、あなたが新入社員で、上司と二人きりで応接間にいるとする。上司は無言——となれば、必ずと言っていいほど、あなたのほうから口を開くだろう。

「部屋、暑くないですか？」

とか何とか、どうだっていいようなことを口にする。目下——つまり、立場が弱い人間の心理として、沈黙に耐えられなくなるからだ。

このことは、逆を考えてみたらわかる。あなたが上司で一緒にいる相手が新入社員だとすれば、沈黙は気にならないはずだ。「会話の口火は立場が弱いほうから切る」というのは、そういう心理を言うのである。

相手がクライアントであったり、こっちがお願いする弱い立場であれば、対面するなり、

「お忙しいところ恐れ入ります」

と先に挨拶《あいさつ》するだろうし、名刺交換をしてすぐに、

「すっかり秋めいてきましたねぇ」

と、沈黙を恐れるように、たわいないことで会話を続けたりする。

ということは、「立場が弱い＝口火を切る」を逆説的に言えば、「口火を切る＝立場が弱い」ことになる。つまり、**相手のほうから話しかけさせることができれば、精神的に優位に立ち、会話をリードすることができる**――ということなのだ。

そのために〝沈黙〟がある。

挨拶を交わしたあとに必ず一瞬の沈黙が訪れるが、これは、お互いがそうと意識し

ないまま、

（相手が口を開くか、こっちが先に何か言うか、話題は何にするか……）

といったことが頭をよぎり、一瞬の沈黙になるのである。

そこで、お互いの立場が対等の場合、主導権を握ろうとするなら、この沈黙に耐えることだ。時間にして三、四秒――ふた呼吸の沈黙に耐えていれば、必ず相手から口を開く。いわば〝沈黙のチキンレース〟のようなものと思えばいいだろう。

喫茶店であれば、

「ええッと、先に何か注文しますか？」

と言ったり、キョロキョロと店員を探してみたりすることだろう。この段階で、相手の心は浮き足立っているものだ。

「さっそくですが……」

落ち着いて切り出せば、ペースはこちらのものとなる。

〝沈黙〟が強力な「対面力」になる所以《ゆえん》である。

44 相手を10倍感激させる「お礼」の言い方

人間関係はギブ・アンド・テイクで成り立っている。

誉《ほ》められたことではないが、これが現実である。

ボランティア活動だって、称賛の期待が心の片隅にあるだろうし、「自分はよいことをしているのだ」という思いが活動の支えにもなっている。だから「奇特な人」と嘲笑《ちょうしょう》されるとムッとする。

会社のため、上司のために頑張って仕事をして、

「よくやってくれた」

と感謝されれば気分がいいし、それが出世につながるかもしれないと期待すれば、進んで徹夜だってするだろう。

ところが、

「頼みもしないのに勝手に徹夜して」

と、ニベもない態度を取られれば、頭にカチンである。

どんなきれいごとを並べてみせようと、人間関係はギブ・アンド・テイクを抜きにしては語れないということであり、**「対面力」とは、相手をいかに気分よくさせて（ギブ）、わが手中に取り込むか（テイク）**——という技術でもある。

その基本技術は「お礼」の言い方である。

これこそ、まさに実戦心理術であり、「対面力」を考える基本になるからだ。

物をもらって、お礼を言うのは当たり前である。

だから、あげた人間も、

「ありがとう」

と言われても、気候の挨拶程度にしか感じない。

ところが、

「ワーッ、ありがとうございます！」

と大感激されたらどうか。

思わず嬉《うれ》しくなって「この人、いい人」と、人格評価にまでなってしまう。

これが「対面力」の差なのだ。

では、「お礼」は具体的にどう言えばいいか。

「ワーッ、ありがとうございます！」と感激してみせるのも悪くないが、ヘタすると〝調子人間〟に見られることがある。海外旅行のお土産にチョコレートをもらって、「ワーッ！」と大感激するのはイヤミになる場合もある。

それに、ここがポイントだが――「ワーッ！」の感激はその場限りで終わってしまい、プレゼントした側の「あげてよかった」という思いが持続しないのだ。

そこで翌日、こう言ったらどうか。

「いただいたチョコレートですが、おいしいと言って子供たちが大喜びでした。ありがとうございました」

相手は感激ズシンで、

「そう、よかった」

満面笑顔になることだろう。上司であれば、「今度、飲みに行こうよ」ということにだってなるかもしれない。

かくのごとく**「お礼」**というのは、**「感謝の気持ちを相手にどう伝えるか」**という**技術であり、心づかいであり、実戦心理術**なのだ。

銀座ホステスも一流になると、客が来店した翌日、お礼の電話をかける。「翌日」が鉄則で、この気づかいに客は感激する。何日かたって〝来てねコール〟のついでに「先日はありがとうございました」とやったのでは、取ってつけたようで意味がないのだ。

店を送り出すときは、ホステスの誰もが「ありがとうございました！」とお礼を言うし、階上の店であればエレベータに同乗して下まで送ってきたりもする。だが、どんなお礼もその夜限りで終わってしまうので、客の心に尾を引かない。

ところが翌日、お礼の電話をかけることによって、**感謝の思いが尾を引き、より強く伝わる。**「こっちこそ楽しかったよ」と、客は弾む声を返し、日を置かずして店に顔を出すに違いない。

まさに「お礼」は実戦心理術であり、「対面力」であるという理由がおわかりいただけるだろう。

45 会話のセンテンスを切れ

会話も文章も《起・承・転・結》が基本だ。

首尾よく《起・承》から《転》まで話が進めば、最後は一気に話題を《結》とし、なごやかに別れる。これがビジネスマンの会話術であり、「対面力」である。

ところが、政治家の答弁と、物販などの〝押しつけ商法〟は《起・承・起・承・起・承……》と、延々と続く。

たとえば、民主党の辻元清美《つじもときよみ》議員が、

「ホルムズ海峡に機雷を撒《ま》かれた場合、日本の近海を海上封鎖されたことと同等とお考えですか？」

と質問したときのこと。

答弁に立った中谷元《なかたにげん》防衛大臣は、

「わが国周辺の海域の機雷封鎖は先ほど法制局長官がお答えしたと思います、ホルムズ海峡の場合もどう考えるかということに関しましても、三要件ですね。この、いわゆる存立危機事態に当てはまるような事態によりまして、存立危機であるという判断をするわけであります。……」

《結》までいかないので、何を言っているのかさっぱりわからない。こうした例はいちいち挙げなくてもご承知のとおりで、質問と答弁が堂々めぐりし、時間切れということになる。

〝押しつけ商法〟では、たとえば、

「だから健康が大事なんですね。とにかく、いかに熟睡するか。眠れないのはつらいでしょう？　だから睡眠が大事なんです。そのためには布団が大事なんです。いかに安眠できるかですね。そのためにも、健康に気を配って……」

《起・承・起・承……》とエンドレスで話し続ける。

聞いているほうは次第にイライラしてきて、

「わかった、わかった。で、その布団、いくらなのよ」

早く追い返そうという心理が働くため、結論を先取りすることになる。

「対面力」ということから言えば、政治家も〝押しつけ商法〟も相当な「力」を持っているように見えるが、人間関係の構築ということからすれば逆効果。嫌われこそすれ、好かれることはあり得ない。

ビジネスマンは、まず良好な人間関係の構築をもって「対面力」とするのだ。

そのためには《起・承・転・結》の手順に則《のっと》りつつ、まず《起》を短く、《承》を詳しく、《転》で別の角度から補足し、《結》へと至る——というのが王道だ。

《起》が長いと相手はイライラする。

「どうもどうも、ご足労をおかけしました。本来でしたら私どもが出向かなければならないところを、ご無理を申し上げ、わざわざお越しいただきまして恐縮でございます。と申しますのも、製品にかなりの重量がありまして、これを運ぶとなると、大人が二人……、いえ、階段があると三人は必要で……」

「早く本題に入れよ」

と、相手は腹のなかで怒鳴ることだろう。

だから《起》は短くする。《承》が舌足らずだと理解が得にくくなるので、ここはしっかり説明するというわけだ。

そして、会話で何より大事なのは、**センテンスを短く切り、話がどこに向かっているかを明確にすること**。そうでなければ相手はイライラして、これまた腹のなかで舌打ちをすることになるからだ。

私が編集企画会社をやっていたころのことだ。某入浴グッズメーカーの営業マンに同行し、大手スーパーに新製品の売り込みに行ったことがあるのだが、営業マンのトークが最悪。「対面力」はゼロであった。差し障りがあるので詳しくは記せないが、営業マンはこんな言い方をした。

「この新製品の開発には三年を費やしまして、ご覧のとおり、デザインも斬新《ざんしん》なものにしましたし、この持ち手の部分にも工夫を施してありますし、素材も一から見直すことで製造単価を引き下げることが可能になりまして、今後、販路も国内にとどまらず……」

仕入れ担当者の顔は次第に不機嫌になり、イヤミの溜息《ためいき》をついたものだ。

広告業界では、人間が一つの情報に集中できるのは十五秒とされ、テレビのＣＭが十五秒単位で制作されるのは、そういうことによる。ということは、対面して話す場合、**ワンセンテンスは十五秒以内**とし、相手の反応を確認しつつ、センテンスをつないでいってこそ、相手は退屈せず、耳を貸すのだ。

（了）

向谷匡史

むかいだに・ただし
1950年、広島県出身。拓殖大学卒業。週刊誌記者などを経て作家。浄土真宗本願寺派僧侶。保護司。日本空手道「昇空館」館長。人間社会を鋭くとらえた観察眼と切れ味のよい語り口には定評がある。主な著書は、『決定版 ヤクザの実戦心理術』『人はカネで9割動く』『会話は「最初のひと言」が9割』（以上、光文社）、『成功する人だけが知っている「一万円」の使い方』（草思社）、『人は理では動かず 情で動く〜田中角栄 人心収攬の極意』（ベストブック）など多数。

ヤクザは人を5秒で9割見抜く

悟空出版

二〇一五年十月　四　日　初版第一刷発行
二〇二四年一月二十二日　第十三刷発行

著　者　向谷匡史
編集人　小松卓郎
発行者　佐藤俊和
発行所　株式会社悟空出版
〒一六〇—〇〇二二 東京都新宿区新宿二—五—一〇—六階
電話 編集・販売：〇三—五三六九—四〇六三
FAX：〇三—五三六九—四〇六五

装幀　高野宏（T・ボーン）
印刷・製本　中央精版印刷株式会社

Printed in Japan　ISBN 978-4-908117-18-3